Strategic planning for the development of the sports city

スポーツ都市戦略

2020年後を見すえたまちづくり

原田宗彦 著

学芸出版社

はじめに

　スポーツ都市とは、スポーツを都市経営の重要課題とし、住民が、安全かつ快適な住環境のなかで、日常的にスポーツに親しみ、アクティブかつ健康的な生活を営むことのできるまちづくりを目指す自治体のことである。世界的に見ても「都市」に関する具体的な定義はないが、本書では、役所（もしくは役場）が存在し、比較的人口が多い市街地を持つ自治体を都市と呼ぶことにしよう。このようなアバウトな定義を用いた理由は、スポーツで地域を活性化しようと考える自治体がとても多いことと、自治体が活用できるスポーツやイベントの種類が豊富で、フィールドも体育館やスタジアムから、道路やトレイル（自然道）、そして河川から山岳地域まで、多様な広がりを持つからである。マラソンやプロスポーツのような都市型イベントから、トライアスロンやヒルクライムのような郊外や山岳地域で行われるイベントまで、自治体が活用できるスポーツイベントの幅は広い。

　スポーツと都市の繋がりが深いアメリカでは、経済効果が見込めるスポーツイベントを誘致できる一級のスポーツ施設があり、NBA（ナショナル・バスケットボール・リーグ）、MLB（メジャーリーグ・ベースボール）、NFL（ナショナル・フットボール・リーグ）、そしてNHL（ナショナル・ホッケー・リーグ）といった4大プロスポーツのチームが、フランチャイズを置いているかどうかがスポーツ都市を名乗る重要な条件とされる。日本でも同様に、プロ野球のチームやJリーグのクラブの存在が、都市ブランドを構成する重要な要素になっている。しかしプロスポーツのチームやクラブはあくまで「必要条件」であり、それだけでは十分ではない。住民に健全なレジャーを提供する地域に根差したプロスポーツ以外に、スポーツに気軽に参加できる公共スポーツ施設や地域スポーツクラブ、そしてアクティブで健康的なライフスタイルを楽しめる生活環境（例えば自転車専用道路やジョギングトレイルなど）が整備されていなければならない。さらにスポーツ都市の根幹には、スポーツイベントの誘致によって域外交流人口を増やし、地域経済の活性化を目指す政策実行機関としての「地域スポーツコミッション」（第5章で詳述）も必要条件となる。これらの様々な要件が集まって、初めてスポーツ都市を名乗る「十分条件」が達成される。

よって本書では、都市戦略という視点から、エンターテイメント装置としてのプロスポーツの存在や、大規模スポーツイベントが誘致できる施設を持つことの重要性を指摘するとともに、住民の健康的な生活習慣を誘発するまちづくりや、地域の隠れた資源であるアウトドアスポーツを活用した地域の活性化について議論を深めていきたい。ちなみに都市戦略とは、都市の進むべき道を明確にしたうえで、何をするのかを、論理的に、系統立てて立案することであり、その文脈上に立脚するスポーツ都市戦略は、スポーツに親しむまちづくりという目標に向けて、長期的な視点で都市経営全体の方向づけをデザインすることを意味する。

本書で言うスポーツ都市は、スポーツに親しむ環境が整備された「地域」や「コミュニティ」と同義であり、大都市だけでなく比較的小さな自治体もそのなかに含まれる。そこには、多様な都市像があり、それぞれの都市が持てる経営資源を最大活用してオリジナルなスポーツ都市をつくりあげることが重要である。例えば人口2万に満たない広島県世羅郡世羅町は、高校駅伝の強豪校である世羅高校で有名だが、近年は「駅伝のまち〝せら〟」を旗印に、「観光ラン」による誘客で地域活性化を行っているが、これも〝せら〟というスポーツ都市が展開する戦略のひとつである。

「する」「見る」「支える」スポーツが、都市の集客装置として機能し始めるということは、それを目当てに域外から人が集まるということを意味し、スポーツで人が動く仕組みが生まれることになる。そのような仕組みは「スポーツツーリズム」と呼ばれ、スポーツ都市の実現に不可欠である。

スポーツ都市に関する戦略的議論におけるツーリズムは重要な要素であり、域外からスポーツを目的とした観光客を呼び込むことで生じる経済・社会的な効果は、注目に値する。2014年の段階で、世界の観光産業は約7兆ドルの規模を誇り、世界のGDPの9%を占める巨大産業であるが、その中で最も伸びが著しいのがスポーツツーリズムである。[注1] 日本においても近年の訪日外国人の伸びは目覚ましく、2015年にはその数が1千9百万人を超えたが、ニセコや白馬に来る外国人スキーヤーや、東京マラソンに参加を希望する外国人ランナー、そして全国で開かれるサイクリングイベントへの国外参加者など、スポーツを目的としたツーリストの増加が今後期待される。

本書の構成は、以下の通りである。まず序章において、ツーリズムという視点から、スポーツ都市を考える上で重要となるグローバルな観光産業の動きを俯瞰し、日本が持つ旅行目的地としての潜在的魅力と、ガラパゴスと呼ばれる日本文化を「世界商品化」することの重要性に触れた。そのためには、モノづくり国家からコトづくり国家への大きな発想の転換が必要とされる。

続く第1章では、スポーツの「アマチュアイズム」から「ビジネスイズム」に至るパラダイムシフトの過程で、パワーアップしたスポーツが、スポーツと都市の関係に大きな影響を及ぼした点に着目し、そのプロセスを概説するとともに、メガ・スポーツイベントと都市開発に関する幾つかの事例を論考の対象とした。さらにJリーグに代表される地域密着型プロスポーツの新しい役割にも言及し、スポーツが地域ブランドを向上させるとともに、ファンの地域愛着度を高める点に着目した。証明は困難であるが、ここでは、Jリーグのある都市は消滅しないという仮説を構築した。

第2章では、地域スポーツイベントと都市をテーマとし、都市の活性化装置としてのスポーツイベントの役割と、スポーツイベントの種類について考察した。都市が活用できるスポーツイベントの種類は無限に広がっており、隠れたスポーツ資源をどう活用するかが課題とされる。スポーツが都市にもたらす経済効果や、都市空間を市民に開いたマラソンブーム、そして地域活性化装置としてのアウトドアスポーツイベントについても言及を試みた。

第3章は、オリンピックと都市の深い関係についてである。戦後のオリンピック大会を用い、国家主導のオリンピックが危機的な状況に見舞われる中、商業主義によって復活した大会が、やがて都市の持続的成長に役立つ触媒としての役割を期待されるようになる経緯を考察した。2012年ロンドン大会では、目に見えるレガシーとともに、英国経済の発展に結びつく観光産業の発展を誘導した点を踏まえ、2020年の東京大会が何を残せるかというレガシーの問題に触れた。

第4章では、本書の根幹であるスポーツツーリズムと都市戦略をテーマとした。スポーツツーリズムの世界的拡大の様相に触れつつ、その概念的領域と日本における政策的な関心の高まりを指摘し、デスティネーション・マネジメントによる日本型スポーツツーリズム創出の重要性と、スポーツツーリズム振興に対する制度的支援について解説を行った

第5章では、スポーツツーリズムの推進組織として、都市の活性化装置の役割を担うスポーツコミッションに論及した。アメリカの先進事例の紹介の他、日本のスポーツ先進都市であるさいたま市の現況や、全国で設立が進む状況を俯瞰した。スポーツコミッションに注目が集まる背景には、スポーツツーリズムによる地方創生という新しいミッションに期待を寄せる自治体の数が多いことを示す。

第6章では、スポーツ都市の形成に向けた具体的ステップの前段階として、スポーツと親和性の高い都市の全体像を、概念的に把握することに努力した。その結果、スポーツとの親和性が高い都市とは、スポーツが重要な政策課題とされ、すべての住民やビジターが、「する」「見る」「支える」スポーツに積極的に関与できる機会に満ち溢れた都市のことであり、「持続可能性」「モビリティ」「交流人口」「健康志向」という4つの基本コンセプトを包含することが前提となった。

最後の第7章では、2020年に向けた具体的なスポーツ都市戦略に必要なステップとして、「スポーツ観光資源の再発見」「人材づくり」「ソフトとハード事業の展開」、そして「PR事業」の4つを提案した。さらに、地方再生の切り札としてのスポーツツーリズムや、スポーツによる世界都市のブランディング、そしてアスリートを重視したポスト五輪のスポーツ都市戦略など、副題にあるような、「2020年後を見すえたまちづくり」に向けた提言を試みた。

目　次

序章　スポーツ都市戦略

スポーツツーリズムが変える都市

1　急増する世界の観光需要

世界の外国人旅行者の数は毎年増加している。国連世界観光機関（UNWTO：United Nations World Tourism Organization）によれば、１９９５年に各国が受け入れた外国人旅行者の数は5・29億人であったが、10年後の２００５年には8億人、そして２０１５年には11・86億人へと急増した。[注1]観光産業は、旅行代理店、交通機関（鉄道、航空、バス等）、ホテル・レストラン、ギフトショップ（土産物屋）、娯楽施設、カード決済、通訳ビジネス、カジノ、レンタカー、レンタサイクル、観光ガイド、フードビジネス、旅行用品産業、オンライン予約などの電子商取引など、多種多様な産業を含むハイブリッドな異業種混合型産業であり、裾野が広く広範な経済効果が期待できる。ＵＮＷＴＯは、２０３０年の外国人旅行者は18億人になると予測しているが、それは同時に、広い裾野を持つ観光関連産業が連鎖的に発展を遂げることを意味する。

現在、世界的な観光需要増の恩恵を受けているのが、観光後進国であった日本である。外国人旅行者が急増した背景には、世界的な観光需要の伸びとともに、円安、ビザの発行要件の緩和、日本政府観光局（ＪＮＴＯ）による訪日プロモーション事業の展開といった要因が存在するが、今後のさらなる観光振興においては、空港の容量拡大やアクセスの改善、そして交通輸送システムの構築などのハードインフラとともに、入国手続きの円滑化、無料Ｗｉ‐Ｆｉサービスの提供、外国人旅行者のショッピング等の利便性の向上などのソフトインフラの整備が不可欠とされる。

先細りする国内需要

日本の旅行消費額は2014年で22・5兆円であり、46・7兆円の生産波及効果と399万人の雇用をもたらす巨大産業である。[注2] その一方で、産業としての観光は年々縮小傾向にあり、1996年には9・92兆円あった国内旅行業者の旅行取扱額（国内旅行＋海外旅行）は、2011年には6・29兆円へと4割弱減少した。これによって縮減した観光インフラが、急増する訪日外国人客の需要を十分に吸収できないという新たな問題を生みだした。

もともとわが国の観光政策は、「日本人を対象とした日本人による日本人のための観光[注3]」であり、観光産業も、戦後の経済成長にともなって急増した国内旅行需要に支えられた「内需産業」として発展した。それゆえインバウンド観光がなくとも、日本の観光業は、国内旅行と海外旅行の取扱だけで十分に活性化していたのである。さらに国内観光地は、内外からの厳しい競争にさらされることもなく、地域ブランディングや観光地マーケティングにともなう新商品開発や、デスティネーション・マネジメント、そしてさまざまな規制緩和が必要とされる「最先端産業」であるという意識も希薄であった。

しかしながら内需は確実に先細りし、国内旅行の減少が観光地の衰退と、関連する多くの中小企業の活力の減退を招いた。必要とされるのは、観光産業における新しい成長戦略であり、インバウンド観光の増大である。現在のところ、世界的に増えた観光需要の波に乗って訪日外国人の数を増やすことに成功したが、今後は、急増するアジアの中間層がもたらす需要の取り込みが喫緊の課題となる。

観光ビッグバンの現実味

石森秀三と坂上英彦[注4]は、かつて「ビジター産業に進路をとれ：日本・都市再生への提言」と題する著書の中で、アジアの旅行需要が爆発的に増大する「観光ビッグバン」の時代が到来すると予測したが、それから15年が経った現在、彼らの予測は現実のものとなった。

ここで、東南アジアを代表する3国の出国者数を比較してみよう。出国者数とはアウトバウンド観光の実態を示す指標であり、それぞれの国から海外旅行に出かけた居住者の総数である。図表0・1に示すように、インドネシアの場合、2000年から2013年にかけて出国数は221万人から797万人へ3・6倍に、タイが191万人から597万人へ3・1倍に、そしてシンガポールが444万人から865万人へと、ほぼ倍に増加している。同時期の英国が5千684万人から5千851万人へ、米国が6千133万人から6千157万人へと、微増傾向であるのに比べると、アジア諸国の伸びは驚異的である。近年、ある一定の所得水準に達したアジアの国の人々は、海外旅行ができる経済力を手に入れ、それを実行に移したのである。ちなみに日本は、同時期に1千782万人から1千747万人へとほぼ横ばいであり、英米と同様に、成熟国におけるアウトバウンド観光は飽和状態にある。[注5]

次にUNWTOの資料[注6]から、2010年から2014年のアジア地域の海外旅行者受入数を見てみよう。インバウンド観光で成長著しいのが東南アジアの1・37倍で、2番目が南アジアの1・42倍である。

前者には、ベトナム、ラオス、カンボジア、タイ、ミャンマー、マレーシア、シンガポール、インドネシアなどが含まれ、後者には、インド、パキスタン、バングラディシュ、ネパール、ブータンなどが含まれる。これらの数字は、西ヨーロッパの１・13倍や北米の１・20倍、そして減少傾向にある中東の０・93倍に比べると強い成長力を見せている。その中で日本の１・56倍は群を抜いており、世界平均の１・19倍を圧倒している。さらに２０３０年に向けた予測（２０１０―２０３０の年平均増加率）でも、アメリカの２・２％やヨーロッパの１・８％に比べ、東南アジアが４・３％、そして南アジアが５・３％と高い成長率が期待されている。

世界経済フォーラムは、２０１４年の10大ニュースの一つに「アジア中間層の拡大」を選んだが、ここで言う中間層とは、自動車を所有できる層のことである。三カ国で４億人の人口を抱えるインドネシア、タイ、フィリピンにおいては、２００５年に４千５百万人だった中間層が、２０１２年には７千８百万人に、そして東京五輪が開催される２０２０年に

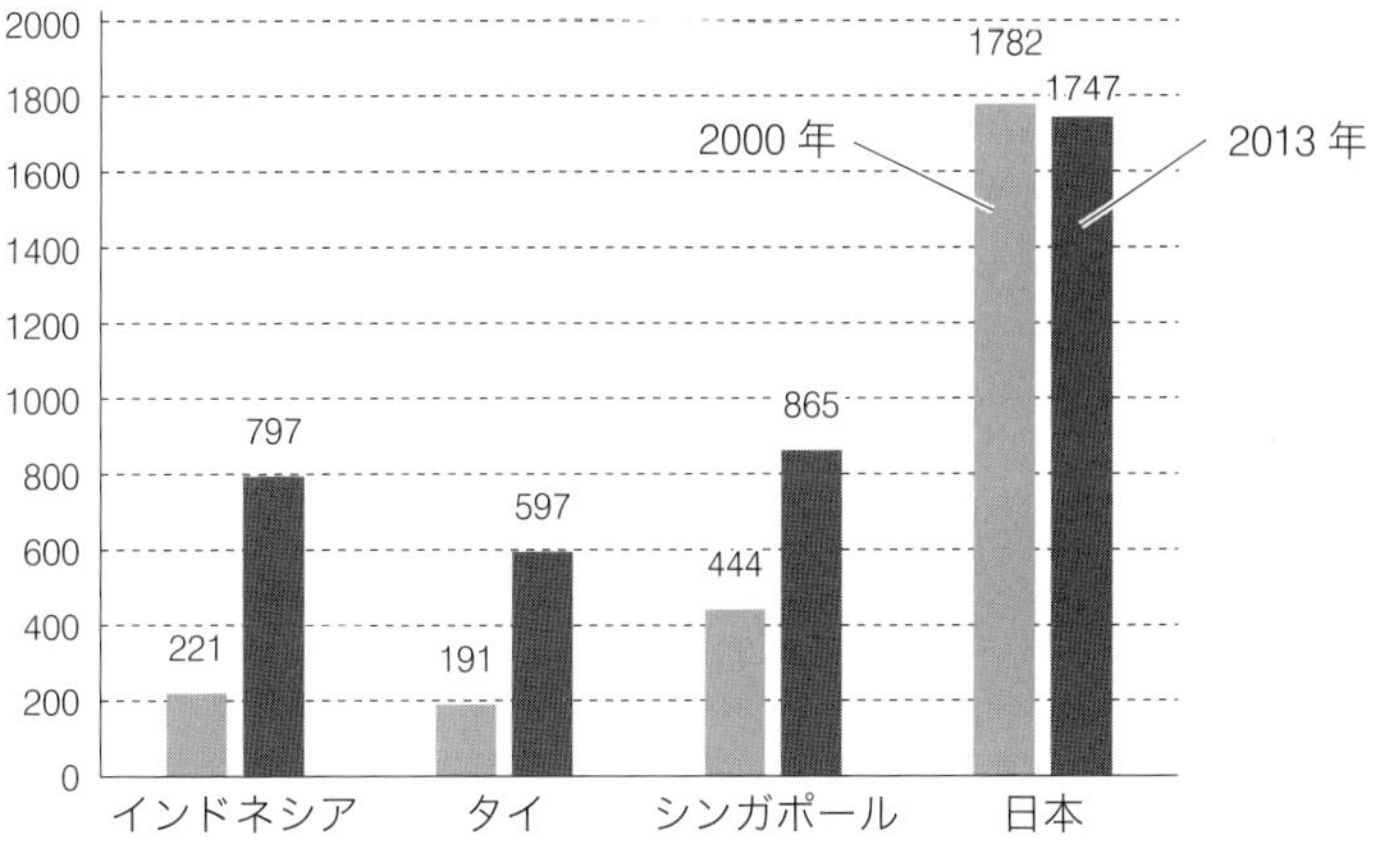

図表 0･1　東南アジア主要 3 国と日本におけるアウトバウンド旅行者の伸び

は2億人に近づくと予想されている。2012年に1・5兆ドルだった三カ国のGDPも、2020年には2・4兆ドルに増大するが、このような急激な経済成長は、人類がかつて経験したことのない未曾有の旅行ブームを誘発するだろう。観光ビッグバンは、まさにアジアのために使われるべき言葉である。

急増するインバウンド需要と三重苦の解消

急増する外国人旅行者は、わが国の観光産業に新たな課題を生みだした。政府は、2020年に3千万人という目標を掲げるが、その達成に向けて、今の日本には移動媒体、宿泊施設、通訳といった三つの課題の解決が求められる。

移動媒体の不足

前述したように、日本の観光インフラは縮小する国内市場とともに衰退傾向にあり、急増する訪日客の需要に追い付いていない。その一つが、貸切りで利用する観光バスである。2012年度末で4万8千135台ある観光バスは、00年度に比べ3割しか増えていない。その一方、2013年には、00年と比べて訪日外国人は2・2倍に増加しており、バス不足の状況は深刻化している。この影響は、訪日客だけでなく、修学旅行や遠足等にも影響を及ぼしており、2014年4月には、大手旅行代理店の社員が、遠足用の貸切りバスの手配ができず、遠足を中止に追い込むために、生徒の自殺予告をほのめかす手紙を学校に届けるという事件を引き起こした。

慢性的なバス不足に対して国土交通省は、バスの運行範囲を一定地域内に限定していた規制の緩和によって、旅客輸送力を平準化する措置を開始するとともに、運転手の労働条件改善のため、13年4月から新運賃制度の導入を試みているが、ツアー会社からのコスト引き下げ要請が厳しく導入には困難がともなう。

もう一つの移動媒体が飛行機である。ヨーロッパや東南アジアと異なり、日本に来る外国人旅行者は、ほぼ百%空路を利用するが、訪日客の急増は、空港容量の不足を際立たせることになった。現在日本には、成田、中部、関西、伊丹といった四つの会社管理の空港、羽田、新千歳、那覇を含む19の国管理の空港、富山、岡山、青森などの54の地方管理の空港、特定地方管理空港（5カ所）、米軍や自衛隊との共用飛行場（8カ所）、そしてその他（12カ所）を含めて１０２の空港があるが、これらが十分に活用されているわけではない。ちなみに、日本の3分の2の面積であり、２０１３年には年間3千3百万人の外国人旅行者が訪れる英国には、２６０の民間用飛行場（そのうち認可飛行場は約１３０）がある。よって、日本の空港の数は決して多くない。今後日本が本気で3千万人の訪日客を目指すのならば、首都圏空港のさらなる整備拡充と、インバウンド観光が低調だった時代の需要予測に基づいて整備された、地方空港の最大活用が必要となる。今後それぞれの空港が、チャーター便の誘致やターミナルの魅力化、そしてＬＣＣへの積極的対応といった独自の活性化策を練るとともに、パイロットの養成や税関職員の増員など、航空インフラの強化と人材補強を官民共同で行っていかなければならない。

宿泊施設の不足

訪日客の急増は、観光地における宿泊施設の不足という問題を引き起こしている。２０２０年に東京で開かれるオリンピックに関しては、立候補ファイルにおいて4万6千室が確保できるとしてＩＯＣの承認を受けているが、今後、訪日客が継続的に増加すると、現在でも8～9割近くにのぼるホテルの稼働率では対応がむずかしくなるだろう。今後東京では、すでに建築が承認された24軒のホテル（4千295室）に加え、新宿に970室の大規模ホテルが開業されることにより、2020年までの宿泊施設の不足は解消される見込みだが、それ以降のインバウンド観光の増加に対応するには、さらなる宿泊施設の確保が必要となる。

その意味からも、低予算で国外を個人旅行するバックパッカー向けの宿泊施設の供給も重要になってくる。それに対応するのが、ある特定地域に限って従来の規制を緩和し、地域を活性化する「特区制度」であるが、政府は、成長戦略の一環として国家戦略特別区域を設け、訪日客への宿泊サービス増と空き家問題の解消を狙った旅館業法適用除外を推し進めている。これによって、賃貸住宅の空き部屋に旅行者が泊まることが可能になる。

観光ボランティアの不足

観光旅行とは究極の「経験商品」であり、旅行中にどれだけ楽しく、意味のある経験価値を得たかが旅の満足度と深く関わる。その意味からも、旅の醍醐味である地元の人とのふれあいの機会をつくり、地域の観光資源を分かりやすく説明してくれる観光ボランティアの存在は重要である。旅の目的は、大きく分けて、①日常生活からの解放やストレスの解消、②観光地にある独自の歴史、文化、芸術の見聞、そして、③旅先で出会った人たちや地元の人との交流といった三つに集約されるが、実際、旅人と地元の人が紡ぎ合うコミュニケーションは、旅の満足と深く関わっている。

社団法人日本観光振興協会の調べによると、2013年の時点で、観光ボランティアの組織は全国に1千661あり、ガイドの数は3万9千608人となっている。ボランティアの数は、2011年の4万2千560人をピークに減少傾向にあるが、ボランティア組織の数は、2012年の1千643から増えている。有料でガイドを行っている組織は4割弱で、外国人観光客に対応している組織は2割弱と、国内観光客をメインの顧客とする組織が多いのが現状である。また約3割の組織が自治体等から補助金、委託費や指定管理者業務から収入を得ている。

2020年東京オリンピック・パラリンピック大会（以下東京五輪大会とする）の開催が決まって以来、「おもてなし」を具現化するための最前線で働くボランティアに関心が集まっているが、観光の場合、今後国内の観光地で活躍するグッドウィルガイド（善意通訳）に対する需要が急増するだろう。

2 デスティネーションとしての日本が持つ魅力

訪日外国人客は、2013年に1千万人を超え、2015年には2千万人に限りなく近づくなど急激な伸びを見せている。これは日本の観光資源が急に増えたためではなく、もともと日本が持っていた潜在的な観光資源や、デスティネーション（旅行目的地）としての魅力が、外国人旅行者によって発見され、フェイスブック、インスタグラム、ユーチューブ、ブログなどのCGM(Consumer Generated Media)

によって世界で共有されるようになったことが要因の一つである。さらに、2008年に設置された観光庁や日本政府観光局（JNTO）による国レベルでの観光マーケティングが功を奏し、日本の隠れた観光資源を、写真や動画によって、具体的なデスティネーションイメージとして可視化させたこともプラス要因として機能した。

日本のブランド力

デスティネーションとしての日本の可能性を探るうえで、参考になる調査結果が幾つかあるので紹介しよう。まず国としての日本の魅力であるが、これについては、フューチャーブランド社が発表した、国のブランド力を測るCBI（Country Brand Index）の結果が参考になる。2014年11月に発表された調査では、最高のブランド力を誇る国として、日本が初めて世界1位にランクされた。2位以下は順に、スイス、ドイツ、スウェーデン、カナダ、ノルウェー、アメリカ合衆国、オーストラリア、デンマーク、オーストリアである。日本は、これらの欧米先進諸国を従えての堂々の1位であり、アジアからは唯一の選出となった。質の高い製品のレピュテーション（評判）、観光、ビジネス、留学による訪問願望、インフラの素晴らしさなどが評価基準となり、国の競争優位性が判定される。評価を行ったのは、海外旅行を最低年1回以上行い、海外事情に詳しい21歳から65歳の男女2千530人であった。ちなみにもっとも影響力のある都市として常に最上位にランクされるロンドン、北京、ニューヨークも、国のブランド力とは無関係である。たとえばスウェーデンやノルウェーは、都市の影響をまったく受けずに、国のブランド力だけでランクインしている。

高い東京の総合満足度

日本の都市についての評価はどうだろうか？　これについては、世界最大の旅行口コミサイトである「トリップアドバイザー」が行った、ウェブサイトを利用した「旅行者による世界の都市調査」が参考になる。調査対象都市は、ＵＮＷＴＯの調査による外国人旅行者の入国数トップ37カ国の主要都市であり、それらの都市に関する口コミ投稿を行った旅行者に対して、16項目の体験を０～10点のスコアで評価を求めた。回答者数は５万４千人であり、各都市３百人以上のサンプルから平均値が算出された。

２０１４年５月に行われた第２回調査の結果では、東京は「現地の人たちは親切だったか」「タクシーのサービスの総合的な評価は」「街中は清潔だったか」「公共交通機関の評価は」の４項目で１位を獲得し、総合満足度も世界１位であった。もっとも順位が低かった項目は「コストパフォーマンスは良かったか」であり、順位は20位、物価の高さがマイナス要素となった。この調査はあくまで東京の評価であるが、今回得られた結果は、かなりの部分において旅行目的地としての日本全体の評価と重なるだろう。実際、スラム（貧困居住区）もなく、銃規制が行き届いている日本では、都市犯罪という点において、海外の観光都市よりもはるかに安全かつ快適である。

富裕層に人気の京都

北米で百万部の発行部数を誇る富裕層向けの旅行雑誌「トラベル＋レジャー」は、２０１４年に続いて２０１５年も、訪問したい世界の都市ランキングで京都市を世界１位に選んだ。審査は、「文化・芸術」「景観」「レストラン」など五つの項目の総合評価で行うが、２０１３年にユネスコ無形文化遺産に登録された「和食」も京都のイメージにプラスの影響を与えた。ちなみに２０１５年の２位以下の都市は、チャールストン（サウスカロライナ）、シェムリアップ（カンボジア）、フィレンツェ（イタリア）、そしてローマ（イタリア）が続いた。

京都については、金閣寺や清水寺といった定番スポットに加え、先に紹介したトリップアドバイザーの「外国人に人気の日本の観光スポット」で１位になった伏見稲荷大社（京都市伏見区）の「朱塗りの千本鳥居」の影響も大きい。フェイスブックや他の投稿サイトでよく目にする写真であるが、京都のデスティネーションイメージの形成に大きな貢献をしたことは事実であろう。

国のブランド力、東京の旅行満足度、そして京都の訪問願望が２

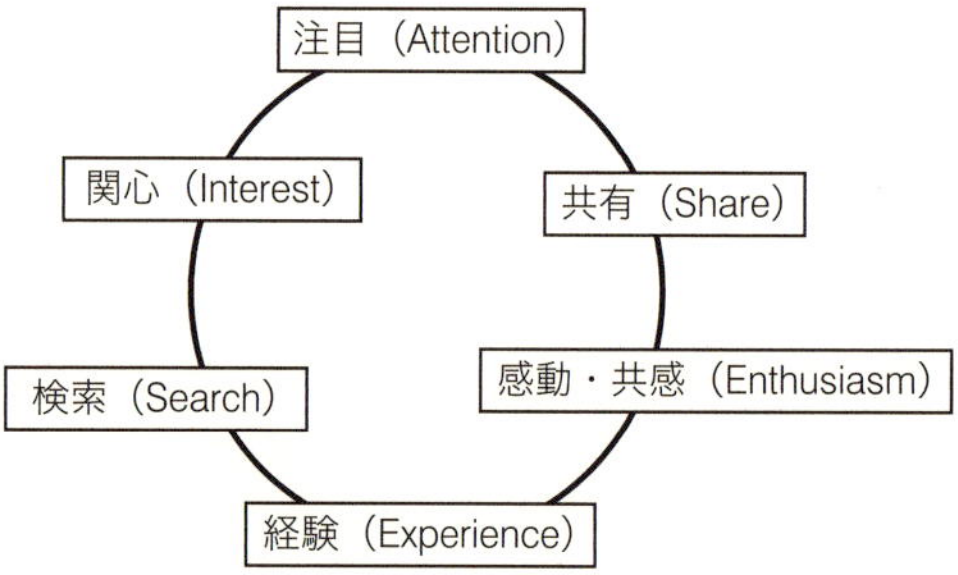

図表 0･2　Web2.0 時代のツーリスト行動の解明
注：加藤智明・中谷有紀『ＣＧＭマーケティング』ＭＹＣＯＭ新書、2007 年に加筆修正

０１４年にすべて世界トップになったことは、日本のデスティネーションとしての魅力の高さを示しているが、このような日本の良さが世界に知れ渡ったことは、ＳＮＳ（ソーシャルネットワーキングサービス）の世界的普及と無関係ではない。実際、インターネットユーザーのほとんどが、旅行情報の入手にＳＮＳを使用する。ネットを最大限活用するツーリストの行動を説明する消費行動モデルでは、ツーリストはまず「注目」（attention）し、「関心」（interest）を抱いたならば、目的地の情報をすぐにインターネットで「検索」（search）し、観光地の最新情報や宿泊施設のネット価格等を参照し、ブログに掲載された旅行者のコメントを読み、旅行先の意思決定を行う。そして、旅行先で「経験」（experience）した「感動・共感」（enthusiasm）を、旅行の体験談としてブログに記入し、それを他のユーザーと「共有」（share）する。[注7] インターネットが介在することで、旅行者の意思決定は迅速になり、しかも「はずれ」の少ない正しい選択へと導いてくれるのである。

アジアで人気の高い訪日旅行

デスティネーションとしての日本の人気を裏付ける、他のデータも紹介しよう。日本政策投資銀行が行った「アジア８地域・訪日外国人旅行者の意向調査（２０１５年版）」によれば、対象地域全体（サンプル数４千１１１）において、回答者の55％が日本旅行を希望しており、２位のオーストラリア（40％）、３位の韓国（39％）を大きく引き離している。また、「日本の観光地を訪れた際にしたいこと」という質問に対しては、「自然観光地を訪れる」（56％）の他、「スキーやウインタースポーツを楽しむ」（18％）、

「山登りやハイキングを楽しむ」（16％）、「サイクリングを楽しむ」（14％）といったスポーツツーリズム関連の項目が挙がっている。[注8]

アジアからの観光客の多くは、かつての日本人がそうであったように、海外旅行の初心者である。しかし今後、リピーターが増えるにつれ、スポーツのようなテーマをもったスペシャル・インタレスト・ツーリズムに対する旅行需要の増大が期待できるだろう。それゆえ、隠れた観光資源であるスポーツをいかに魅力ある観光商品に育て、勃興するアジアの中間層を取り込んでいくかが今後のスポーツツーリズム発展の鍵となる。

ＪＮＴＯのデータから、２０１４年に日本を訪れた外国人の割合を地域別にみると、東アジア（韓国、中国、台湾、香港）が66・5％と最大のカテゴリーになっている。それに続くのが東南アジア（ベトナム、フィリピン、インドネシア、マレーシア、シンガポール、タイの6カ国）であり、全体の11・9％を占める。ちなみに、２０１２年の6カ国の割合は9・3％であった。実数では、約78万人（２０１２年）から約１６０万人（２０１４年）へ、2年で倍に増えている。その背景には前述したような中間層の伸びがある。ユーロモニターによれば、上記6カ国における中間所得層（世帯の可処分所得5千ドル以上3万5千ドル未満）は、２００４年に2億人を超え、２０１４年で3億人に、そして２０２４年には4億人を超えると予測している。[注9] 人口減少に悩む日本であるが、近隣諸国では、日本観光を希望する潜在的な訪日外国人が急増している。

訪日外国人による消費行動の活発化

訪日外国人観光客が増えるということは、国内での宿泊、飲食、交通、娯楽サービス、買物の消費が増えることを意味する。これらの観光関連サービス業に関係する日本国内の中小企業は、増大するインバウンド観光から多くの利益を得ることが可能となる。2015年の訪日外国人の数は1千974万人であり、観光庁の推計では、旅行消費額は3兆4千771億円であった。政府は、2030年に訪日外国人の数を現在の英国並みの3千万人にするという目標を掲げているが、この場合、旅行消費額は4・7兆円となり、83万人の雇用創出効果があると予測しているが、現在の実績値を見るかぎり、この予想はいい意味で大きく裏切られる可能性がある。

実際2014年は、消費税の免税対象商品が化粧品類や食品類などに広がり、そこに円安の追い風も加わって、旅行消費額は過去最高額を更新し続け、最終的に前年比43・1%増の2兆278億円になった。今後、訪日外国人の旅行消費が、わが国の人口減少による消費減を補う可能性が現実視されるようになってきた。

国内の旅行消費額については、2014年が22・5兆円であり、同年の訪日外国人の旅行消費額の2兆円をはるかに上回る。しかし両者の差は、今後前者が減り、後者の額が増えることによって、徐々に縮まっていくだろう。さらに訪日外国人に消費の機会を提供する免税店の数も一気に増加した。2015年10月1日時点における免税品店は2万9千47店で、半年間で1万268店が許可を受けるという急増ぶりである。

3　ガラパゴス文化の世界商品化

ガラパゴス化とは、日本という地理的に孤立した環境で「最適化」が著しく進んだ結果、国内で発展した独自の製品、技術、サービスが、エリア外との互換性を失って取り残される現象を意味する。したがって、外部（外国）から適応性（汎用性）と生存能力（低価格）の高い種（製品・技術・サービス）が導入されると最終的に淘汰される危険が高まる。

もともとガラパゴスは、国内で独自の進化を遂げた携帯電話を揶揄する言葉として用いられた。ガラパゴス携帯、通称ガラケーは、日本独自の通信技術であるPDC方式を採用し、1億人という巨大な国内市場を相手にシェア争奪戦を繰り広げる中で、多様な最先端機能が付いた携帯を次々に開発していった。その一方で、サムソンやモトローラ、そしてノキアといった後発会社は、世界標準である欧州のGSM方式を使い、瞬く間に世界の市場を制覇してしまったのである。結局日本の携帯電話は、世界に通用しない独自の最先端技術を搭載したガラパゴス製品として、国内市場でのシェア争いに明け暮れることになった。

ガラパゴス文化の弱みと強み

しかしながら、外界の影響を受けず、国内で独自の発展を見せるガラパゴス文化が、ときに世界の中で優れた競争力を発揮することがある。それが、日本で独自の発展を遂げた和の文化であり、日本ブランドを形成する和食、旅館、着物、寺社仏閣、おもてなし、茶の湯、相撲、生け花、日本酒など、国外で生産することも、あるいは経験することもできないオーセンティック（本物）な文化やサービスである。

サミュエル・ハンチントンは、『文明の衝突』の中で、世界の文明を西洋文明、儒教文明、日本文明、イスラム文明、ヒンドゥ文明、スラブ文明、ラテンアメリカ文明、アフリカ文明の八つに分類したが、興味深いのは、日本文明を独立した、もしくは孤立した独自の文明と規定したことであった。[注10] 明治維新以来、西欧の技術、習慣、制度を学ぶ過程で、伝統的な自国文明の重要な部分を消去することなく、和洋折衷という妥協政策によって近代化を図ったが、そのため、和の文化は西洋の文化と融合することなく、まさに固有のガラパゴス文化として国内で発展を遂げたのである。

ヒルトンやシェラトンのような、アメリカ式ホテルサービスの世界標準化は、世界のホテル市場を席巻し、グローバルホテルチェーンになった。その一方、輸出することができない「おもてなし」のようなガラパゴス化した日本の高級旅館サービスは、海外に輸出することはできないが、国内で独自の進化を遂げ、世界に誇る観光資源として輝きを放つようになった。マニュアル化ができない「おもてなし」を提供する日本の高級旅館は、ガラパゴス化するしか生存の道がなかったが、それがオーセンティックなおもてなしを好む外国人富裕層に受け入れられているのもまた現実である。

かつては「フジヤマ、ハラキリ、ゲイシャ」が、日本文化のイメージを示す定番であったが、決して世界商品化されたわけではなかった。むしろ、日本を揶揄するときに使われる嘲笑の対象でもあった。しかしながら、現在は、テクノロジーだけでなく、マンガ、アニメ、ファッションといったクールジャパンのコンテンツから、スシ、カラオケ、そして最近ではラーメンなどの大衆文化が世界商品化の道を歩み始めている。正直さと勤勉さ、そして日本的なホスピタリティに裏付けられたおもてなしの精神こそが、ハンチントンが示唆する日本文明の神髄である。

4　モノづくり国家からコトづくり国家へ

これまで「モノづくり大国」を自負する日本では、観光のような、目に見えない経験価値を提供する「コトづくり」に対する関心は低かった。実際インバウンド戦略において、欧米やアジアの観光先進諸国に比べて日本の観光産業は20年以上の遅れがある。しかし２００８年に観光庁が設立され、観光立国を目指す体制が整って以来潮目は大きく変わった。

今後、観光産業がさらに伸びていくには、「コト」を提供する産業を育成する中で、高付加価値の「モノ」を生産・販売するという、サービスを核とした新しいビジネスの考え方（サービス・ドミナント・ロジック）が必要になってくる。簡単に言えば、マラソン大会のような参加型イベントというコトづくりを通して、シューズやウェアといった「モノ」が売れる仕組みをつくり、コトを体験する中で、モノが生みだす価値経験を最大化していくという考え方である。モノはコトの構成要素の一つであり、サービス・ドミナント・ロジックでは、コトづくりがモノづくりを先導するのである。

コトづくりが先導するスポーツの世界

スポーツの世界では、もともとコトづくりがあって、モノづくりがコトに追随してきた。太古の昔から、人間は裸足で原野を走りまわり、足で何かを蹴って遊んでいた。このような「走る」や「蹴る」といったコト（身体活動）が、やがて勝敗とルールがあり、大きな筋肉（大筋）の活動をともなう競技としてのスポーツへと進化していった。その過程で、靴擦れや肉刺（まめ）もできず、膝への衝撃を抑えて走ることのできるランニングシューズが開発され、クッション性に優れたミッドソール（中敷き）を搭載し、軽量でデザイン性にも優れたサッカーシューズが誕生したのである。

今でもスポーツの世界では、コトづくりがモノづくりを先導している。まずマラソンの大会やサッカーの大会が存在し、練習や試合のためにシューズやウェアといったモノを購買する消費欲求が生まれる。さらに世界陸上やＦＩＦＡワールドカップのように、大会がグローバル化し、世界的にスポーツをする人が増えるにつれて、シューズのマーケットも世界に広がっていく。コトづくりからモノづくりへの流れは、さらに「仲間づくり」や「文化づくり」へと続き、ランニング文化やサッカー文化が定着することによって、安定的な世界市場が形成されるのである。

このことは、スポーツにおけるモノづくりの隆盛が、スポーツイベントの巨大化と軌を一つにしていることを見ても分かる。かつては運動靴や体操服を細々と生産・販売していた運動用品業界であるが、その後、スポーツのビジネス化とともに、権利ビジネスの手法を取り入れ、高額なライセンス商品を市場に投入していった。スポーツ産業の巨大化とグローバル化は、その中核に位置するメガ・スポーツイベントやプロスポーツ、そしてスポーツツーリズムといった、コトづくりを中心とする巨大な「スポーツハイブリッド産業」の発展に支えられている。

スポーツ都市に必要なコトづくり

モノづくりからコトづくりへの流れは、人口減少に悩む地方自治体にとっても重要な課題である。モノづくりが全盛を迎えていた70年代から90年代、林野を造成して工業団地をつくり、モノづくり企業の拠点形成を主眼とした20世紀型の都市開発が全国規模で展開されていた。しかしながら産業構造が大きく変化し、経済が成熟期を迎え、これ以上人口の増加が見込めない社会では、大規模な都市開発モデルは終焉を迎えた。19世紀に世界の鉄の9割を生産し、20世紀になっても製鉄業で栄えた英国のシェフィールド市は、戦後に産業構造を大きく変えた。古い製鉄所などの産業遺産を観光資源化するとともに、「スティールからスポーツへ」を標語に、スポーツを新しい産業として育成し、衰退した製鉄業を質の高い金属加工業や世界有数の刃物産業の集積地へと転化させた。

スポーツによって衰退する都市経済を復活させようとする動きは、アメリカのインディアナポリスやピッツバーグのような伝統的な工業都市にも見られる動きである。また、ヨーロッパでは、スポーツイベントの招致を専門に行う行政組織の動きが活発である。オランダの「ロッテルダム・トップスポーツ」

や、デンマークの「スポーツイベント・デンマーク」などは、参加者や観戦者によって都市の交流人口を増やすため、スポーツイベントの誘致によって都市経済の活性化を目指している。人、モノ、金の流れを活発化するスポーツイベントは、コトづくりの〈工場〉であり、21世紀型の都市活性化装置である。

コトづくりを誘発する新しいまちづくり

それに対して20世紀型のまちづくりでは、人口、生産、経済など、右肩上がりの成長を基軸とした新しい市街地の形成と宅地の供給が基本とされ、大規模な工業団地や商業施設などが建設されてきた。しかしながら、21世紀になり、内需依存の成長がこれ以上望めないなかで、新しいまちづくりの考え方が必要とされている。古倉宗治は、これからのまちづくりにおいて、重要となる基本的な概念を、「持続可能性なまちづくり」「コンパクトな市街地づくり」「オーセンティシティ（本物）を志向した魅力的なまちづくり」「多様なライフスタイルを支えるまちづくり」の四つにまとめた。[注11] 彼が提唱するのは、自然との共生に配慮したコンパクトかつ持続可能な都市で、地域が保有する歴史的建造物や、海、山、川、森、温泉といった自然環境を、オーセンティックかつ魅力的な観光資源としてマネジメントし、交流人口を増やす試みを続けるまちづくりで、身障者や高齢者が安心して暮らせるバリアフリーなコミュニティの創造を目指している。

そこで本書では、古倉の提案をベースにして、持続性やコンパクト性といった現代都市が目指すべき方向性を尊重しつつ、交通、観光、健康という視点を盛り込むこととした。具体的には、スポーツ都市の基本コンセプトとして「持続可能性」「モビリティ」「交流人口」「健康志向」の四つを提唱し、その詳細を第6章で述べたい。さらに第7章では、基本コンセプトの具体的な内容と、スポーツ都市づくりに向けた具体的なステップについて詳述しよう。

5　スポーツで人を動かす仕組みづくり：スポーツツーリズムの可能性

長い間、景勝地の周遊観光や物見遊山が主流であり、内需産業として発展してきた日本の観光業では、スポーツと観光がセットで語られることはなかった。しかしながら、マラソン大会やトライアスロン大会をはじめとする参加型のスポーツイベントが全国で開催されるようになり、国際スポーツイベントの開催やスポーツ合宿の誘致が盛んになるにつれて、「する」「見る」の両方に関与するスポーツツーリストの存在が顕在化し始めた。

このような状況は、数字でも裏付けられている。

スポーツツーリズムの認知度の向上

たとえばグーグルの「スポーツツーリズム」の日本語検索件数であるが、ここ10年で大幅な上昇を見せている。２００５年12月31日に筆者が検索したところ、ヒット数はわずか２１１件であった。当時、スポーツツーリズムに対する世間の認知度は低く、一部の研究者の間では話題になっていても、メディアにもほとんど登場しない言葉であった。その後、ニューツーリズムへの関心の高まりとともに、スポーツツーリズムにも関心が少しずつ集まるようになり、6年後の2014年12月31日には130万件、7年後の2015年11月30日には2千6百万件を超えるまでヒット数が急増するようになった。

2010年ごろより、従来の観光旅行と比べてテーマ性が強く、体験や交流の要素を取り入れた新しいタイプの旅行、すなわち「ニューツーリズム」という概念が広がりを見せたが、当初このなかにスポーツツーリズムは含まれておらず、エコツーリズムやグリーンツーリズムなどが先行した。しかし2012年3月30日に閣議決定された「観光立国推進基本計画」において、スポーツツーリズムが正式に記載されてから、普及の速度が一段と高まった。その背景には、2012年4月に、観光庁からスピンオフして誕生した一般社団法人である「日本スポーツツーリズム推進機構」（JSTA）の存在がある。

その一方で、国内でのスポーツツーリズム需要の多さに比べ、インバウンドのスポーツツーリズムはまだ発展途上である。ウィンタースポーツについては、海外からの良質な雪を求めるスキーヤーやスノーボーダーが大挙して押し寄せる時代となったが、四季を通じたスポーツを核としたデスティネーション・マネジメント（DM）は、スポーツ都市の戦略的課題の一つである。とくに地方創生が国の大きな政策課題になっている現在、交流人口の増大による地域経済の活性化をどう具現化していくか、政策の実行能力が試される時代となった。その意味からも、今後日本スポーツツーリズム推進機構が設立を支援する地域スポーツコミッションが全国に広がり、地域資源を最大限活用したスポーツイベントの誘致・開催を働きかけることにより、インバウンド観光をさらに活性化することが可能となる。

スポーツで人が動く理由づくり

スポーツツーリズムは、「スポーツで人を動かす仕組みづくり」のことであり、「日常生活圏内から離れてスポーツに参加することや、スポーツを観戦するために行われる非商業的な旅行[注12]」である。観光庁のHPでは、従来の物見遊山的な観光旅行とは異なる「ニューツーリズム」の一つに位置づけられており、これまで観光資源としては気づかれていなかったような地域固有のスポーツ資源を新たに活用した、体験型・交流型の旅行形態という考え方が示されている。

スポーツで人を動かすには、人が動かなければならない理由が必要である。スポーツツーリズムの場合、地域が提供する魅力的なスポーツに関する「アトラクション」がそれにあたる。アトラクションには、子どもの野球やサッカーの大会、スポーツ合宿におけるボランティア支援、マラソンやトライアスロン大会への選手としての参加、サポーターとしてのJリーグのアウェイゲームの応援、サイクリングやトレッキングなどのレクリエーションスポーツへの参加など、その種類は多様である。

スポーツツーリズムの参加者は、域内に滞在して、スポーツアトラクションを楽しみながら、地域文化に触れながら地域住民との交流を深め、旅行価値を高めるのである。よってスポーツで地域を活性化するには、スポーツツーリストを集めるためのアトラクションとともに、旅行目的地全体の魅力を高めるためのデスティネーション・マネジメントが必要になる。

スポーツ都市の戦略的課題

スポーツを都市の戦略的課題にするには、スポーツによって住民の健康と幸せを最大化する地域資産形成型の政策（インナー）と、スポーツイベントや合宿誘致などで域外からビジターを呼び込み、地域を活性化する域外交流振興型の政策（アウター）の両輪を動かさなければならない。前者は、スポーツの振興や地域のスポーツ関連インフラの整備といった内部指向性を、そして後者は、地域イメージの向上や経済効果などの外部指向性という特徴を備える。

実際の地方行政では、地域住民志向型の政策はスポーツ課が担い、域外交流振興型の政策は観光課が担ってきたが、近年では、鳥取県の文化観光スポーツ局、札幌市の観光文化スポーツ部、秋田県の観光文化スポーツ部、そして沖縄県の文化観光スポーツ部のように、観光、文化、スポーツの機能をあわせ持つ組織が誕生し、インナーとアウターの政策の同時展開によって、スポーツ都市づくりを志向した組織イノベーションが着実に進行している。

そこで本書では、都市とスポーツの関係を深める具体的な方策を提案するにあたり、以下の三つの視点を盛り込んだ。第一は「スポーツツーリズム」であり、スポーツイベントの誘致・開催やスポーツ合宿によるスポーツツーリストの増加と地域の活性化を狙う域外交流の視点である。スポーツツーリズムの中核には、スポーツイベントや合宿の誘致開催を担う地域スポーツコミッションの存在が重要となる。

第二は、「トップスポーツの振興」であり、都市のエンターテイメント装置としての地域に密着したトップスポーツの振興を狙う域外交流と地域資産形成の視点である。２０１５年現在、Ｊリーグに所属する地域密着型のクラブは全国に52あり、b.jリーグに所属するプロチームも24ある。[注13] 今後、各地で整備が進むスタジアムとアリーナは、都市に不可欠なインフラとして、住民に健全なエンターテイメントの機会を永続的に提供することができる。

第三は、スポーツや運動（エクササイズ）への参加を容易にする「スポーツに親しむまちづくり」である。ここでは、スポーツ施設の有効活用とともに、住民が日常的にスポーツや健康づくりの活動に親しむことができる歩道や街路の整備が必要となる。健康面から都市のコンパクト化を推奨する筑波大学の久野譜也教授が、「健康に関心のある人は3割、無関心な人は7割いる。無関心なままで健康になる仕組みとして考えたのが、知らずにあるいてしまうまちづくりだった」[注14] と述べているように、ごく自然に住民をスポーツや健康に誘うコンパクトなまちづくりが今後重要となる。

写真0･1　野沢温泉スキー場長坂ゴンドラリフトにできた長い列。その3割を外国人スキーヤーが占める

第1章　スポーツと都市

1　スポーツをめぐるパラダイムシフト

アマチュアイズムからビジネスイズムへ

パラダイムシフトとは、その時代や分野における物の捉え方や考え方（パラダイム）が劇的に変化することを言う。スポーツの世界では、アマチュア主義（アマチュアイズム）の偏重からビジネス主義（ビジネスイズム）への昇華というドラスティックな変化があった。アマチュアイズムとは、金銭の授受を目的としてスポーツに参加することや、それを職業とすることを禁ずる考え方である。これは、勝利主義と職業選手を排除し、スポーツ大会の品位と高尚な精神を維持するために必要な考え方とされた。近代オリンピックの創始者であるクーベルタン男爵が、第四回オリンピック大会終了前夜の晩さん会で語った「オリンピックで重要なことは勝利でなく、参加することである。人生の重要なことは成功ではなくて努力することである。大切なことは勝ったということではなく、よく戦ったということである」という言葉には、当時のアマチュアイズムの精神が凝縮されている。

日本でも、戦後から70年代にかけて、スポーツはアマチュアスポーツと同義であり、スポーツによる経済活動を全面的に否定するアマチュアイズムが、学校体育や企業スポーツの根幹を成していた。体育の授業を通した児童・生徒の体力・健康づくり、チームワークやフェアプレイを学ぶ運動部活動、地域スポーツクラブによるコミュニティスポーツの発展、従業員の福利厚生と企業の広告塔としての企業スポーツなど、アマチュアイズムに守られたスポーツには、現在も重要な役割が課せられている。公共セクターのスポーツ振興、すなわち学校体育やメダル取得に向けた競技力向上など、税金を使って行われるべき事業においては、今でもアマチュアイズムが精神的支柱となっている。[注1]

その一方で、1970年代に入ると、スポーツの世界に大きなパラダイムシフトが起きる。それが、アマチュアイズムと対極をなすスポーツのビジネス化と産業化である。アマチュアイズムが支配的であった時代は、「スポーツ」と「ビジネス」は水と油のように異質な概念であり、金の問題に触れることは禁忌であった。ガバナンスやコンプライアンスといったマネジメントが不在のプロスポーツは、当時、健全なビジネスとは見なされておらず、八百長や不正、見世物興行といった負のイメージがつきまとっていた。スポーツと金の問題は、ときに選手生命を脅かす危険な関係でもあった。たとえば1972年、オーストリアのスキー選手であったカール・シュランツは、自分の使用したスキー（クナイスル社製）を両手で掲げ、マスコミにロゴを露出したという理由だけで、IOCから札幌冬季オリンピック出場停止の処分を受けた。当時、世界を転戦するスキーヤーが、企業から金銭的な支援を受け、広告塔として活躍するのはごく自然な流れであったが、彼は、アマチュアイズムの権化と言われた当時のブランデージIOC会長時代、札幌で開かれたIOC総会の投票によって出場資格を取り消され、偏狭なアマチュアイズム最後の犠牲者として歴史に名を刻むことになった。[注2]

この事件をきっかけに、現実とかけ離れたアマチュアイズムの問題に対する議論が盛んになり、IOCはついに1974年の総会で、IF（国際競技団体）の規則範囲内において選手の金銭授受ができるよう、アマチュア規則の改正に取り組んだ。アマチュア至上主義が支配的だった日本でも、１９８６年に日本体育協会がアマチュア規定を廃止し、これまで一律に規定していた競技者資格を各連盟団体の自主的判断に委ねることとし、そこから競技のプロ化への流れが生まれた。今では、スキージャンプの選手が勝利インタビューを受けるとき、「バスクリン」や「土屋ホーム」などのスポンサーロゴがＴＶ画面を通して堂々と露出されるが、カール・シュランツの時代と比べると隔世の感がある。

選手のプロ化とともに、スポーツイベントのビジネス化も80年代に一気に進んだ現象である。初の民活五輪となった１９８４年のロサンゼルス大会は、後述するように、多額の放送権料と企業スポンサーの積極的な導入によって財政面で大成功を収め、以後、オリンピックは巨額の収益が期待できるメガ・スポーツイベントとして発展を遂げることになった。その後もプロ化の流れは止まらず、ロス五輪の翌年（85年）には、アイスホッケー、サッカー、テニスにおいて、23歳以下のプロ選手の出場が可能となり、90年にはオリンピック憲章の全面改訂によって、プロ・アマの資格区分が事実上撤廃されることになった。

80年代が、スポーツのビジネス化に向けた合意形成や法整備等のプラットフォーム（舞台）が構築され、それを苗床として新しいスポーツ産業が萌芽した時代であったとすれば、90年代は、テレビマネーという養分を存分に吸収したスポーツ産業が大輪の花を咲かせ、巨大市場を形成する時代であった。そして２０００年代の現在、グローバル化とアジア地域の市場統合がさらに進展し、肖像権やネーミングライツといった権利ビジネスの発展とともに、スポーツ産業と他のビジネス領域の融合が、より大きな市場形成を予感させる時代となった。

欧米では、80年代から90年代にかけて、スポーツの商業化と産業化が大きく進展し、商品ライセンシングや放送権料、そしてネーミングライツの仕組み等、スポーツから派生する権利を開発し販売するシステムが、営利セクターと非営利セクターの両者を巻き込む形で完成した。同時に、アメリカを中心として、プロスポーツが隆盛をきわめる時代を迎え、プロスポーツのリーグやチームの経営に携わるゼネラルマネジャー（GM）や、プロ選手をマネジメントする代理人（エージェント）が必要とされるようになった。

スポーツのプロ化は、国境と種目を越え、アメリカの4大プロスポーツ（NFL、NBA、NHL、MLB）は言うに及ばず、ヨーロッパでもサッカー以外に、バスケットボール、ハンドボール、バレーボール等のチームスポーツのプロ化が進むとともに、陸上、ゴルフ、テニス、F1、ゴルフ、柔道などのグランプリやツアーなど、世界を舞台とするプロスポーツイベントの数と規模が飛躍的に拡大した。これによって、スポーツ競技団体やリーグ運営組織、そしてスポーツを取り巻くメディア、施設、スポンサー企業といったステークホルダーズの数と種類が急速に拡大し、そのなかに、スポーツイベントを開催する都市や政府が加わるようになった。

スポーツイベントの急速な発展は、イベントの舞台となるスポーツ施設の大型化、複合化、劇場化に拍車をかけた。スポーツ施設が、スペクタクルなエンターテイメントを提供する巨大劇場化するにつれて、施設マネジメントに求められるビジネススキルも高度化し、その結果、施設を使うプロチームにも、そして年間を通して施設運営を担当する施設マネジメントにも、集客マーケティングやイベント誘致に携わる専従のスタッフが必要となった。このような傾向は、アメリカやドイツなどのプロスポーツ先進国や、民営化政策で一歩先を行く英国でも顕著である。

かくしてスポーツは、教育やアマチュアイズムの世界から大きく飛躍し、グローバルな先端産業として注目を浴びるようになった。スポーツイベントの巨大化と、それを取り巻くステークホルダーの多様化は、開催都市にさまざまな恩恵をもたらすことが知られるようになり、スポーツによる都市や地域の活性化が、都市戦略の潮流になりつつある。

スポーツ産業の進化

日本において、スポーツ産業化が目に見える形で進展するのは、1980年代のことである。かつて、①スポーツ用品を製造・販売する事業者、②スポーツ施設を設計・建設する事業者、そして③テレビ、新聞、雑誌によってスポーツ情報の伝達を行う事業者が、それぞれ個別に細々と事業を展開していたが、事業規模も小さく目立たない産業であった。それゆえ80年代以前は、スポーツ産業という概念も存在せず、産業規模を算出する基準さえなかった。

しかし80年代の後半になると、スポーツ産業は大きな進化をみせるようになる。その概要を示したのが**図表1・1**である。[注3] 進化のきっかけとなったのは、エンドーサー（商品推奨者）としてのトップスポーツ選手を起用したスポーツ用品のブランド化戦略と、あらゆるスポーツで使用される多種多様な商品をエンドユーザーに届ける新しい流通チャネルの確立、そして店舗の大型化とチェーン化が生みだした「スポーツ流通関連産業」（①＋③）の巨大化である。これによって、競技者から愛好者まで、欲しいスポーツ用品を多様な商品群から選ぶことが可能となった。さらに素材の開発が進み、スポーツ用品が高機能化するとともに、ファッション性と携行性が向上し、女性から高齢者までユーザーの幅を拡大していった。

もう一つのきっかけが、スポーツ施設に会員制度やインストラクター等のクラブシステムを組み込んだフィットネスクラブ、そしてスイミング教室やテニススクールのようなレッスンビジネスを含む「施設・空間マネジメント産業」（③＋②）である。70年代には存在しなかったフィットネスクラブは、80年代から急成長を遂げ、現在では全国に4千か所、4千億円規模の産業に育った。

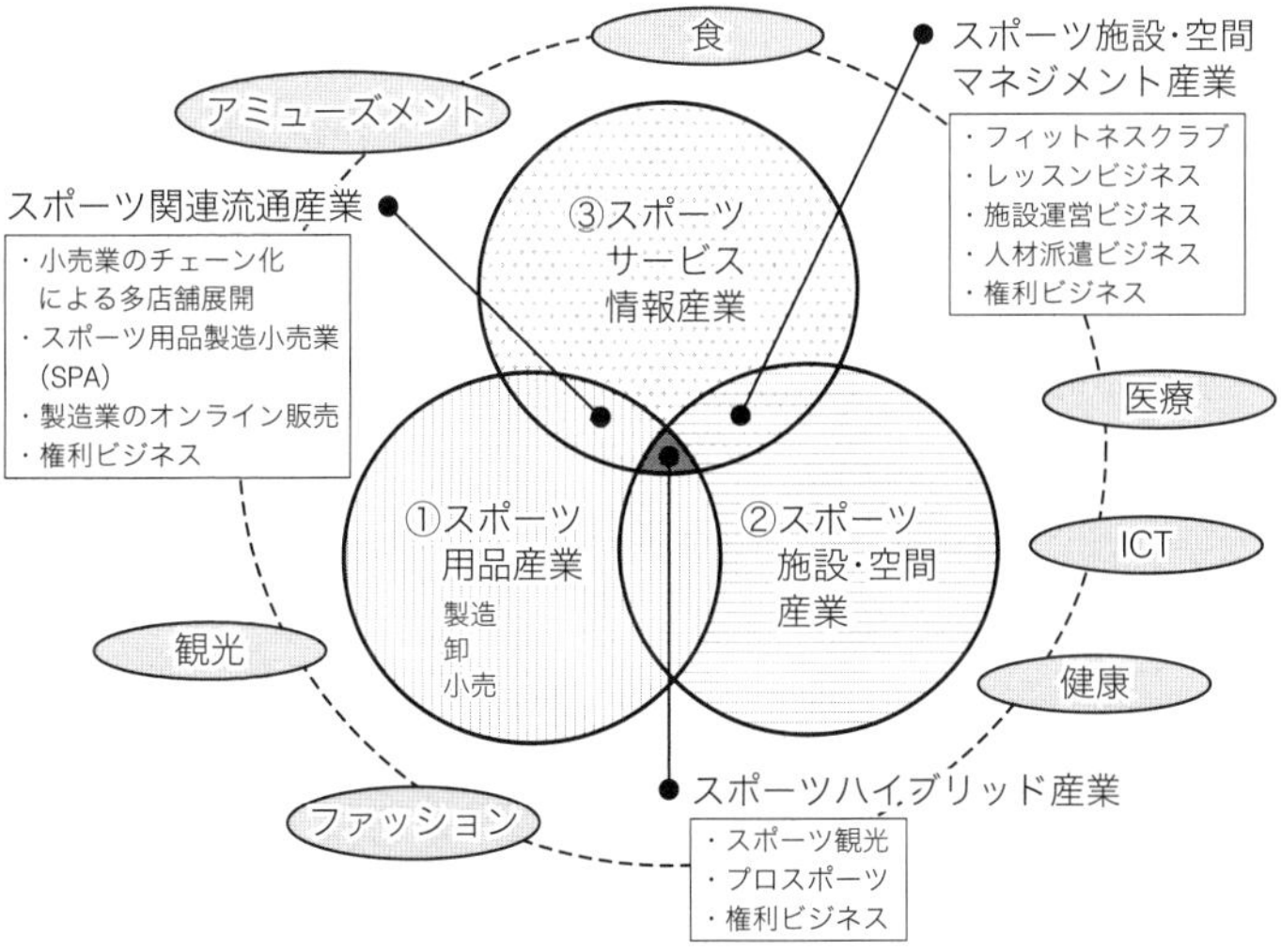

図表 1･1　スポーツ産業の構造
（原田宗彦編「スポーツ産業論第 6 版」杏林書院、2015、p.15 に加筆）

さらに、すべての領域の中核では、権利ビジネスを取り込んだ「スポーツハイブリッド産業」（①＋②＋③）の出現と、それを取り巻くスポーツ関連ＩＴ産業の発展が、スポーツの価値を飛躍的に増大させることになった。ハイブリッド産業とは、異業種の混合によって成立する産業である。観光産業などがその典型で、交通機関、ホテルや旅館、娯楽施設、旅行代理店など、多様な業種の組み合わせによって一つの産業が形成されている。スポーツの世界では、「プロスポーツ」や「メガ・スポーツイベント」がその典型である。たとえばＪリーグは、シューズやウェアといったスポーツ用品産業、スタジアムやアリーナというスポーツ施設産業、そして情報やメディア産業といった異なる業種に加え、スポーツ選手のマネジメントを行うスポーツエージェント業や、サッカーの指導を組織的に行うスクール業なども含まれる。

ハイブリッド産業は、スポーツの産業規模を飛躍的に増大させる起爆剤となった。ＮＢＡ、ＭＬＢ、ＮＦＬ、ＮＨＬといったアメリカの4大プロスポーツや、欧州のプロサッカーリーグ、そしてオリンピックやＦＩＦＡワールドカップといったメガ・スポーツイベントの発展は、スポーツのビジネス化と産業化を象徴する出来事となった。今後スポーツ産業は、**図表1・1**に示すように、食、アミューズメント、観光、ファッション、健康、ＩＣＴ（インフォメーション・コミュニケーション・テクノロジー）、医療といった周辺領域と融合し、イノベーションの連鎖が生まれることによって、スポーツ新産業の創出が促進されることが期待される。

ただしその一方で、産業としてのスポーツの規模は、他の基幹産業に比べるとそれほど大きなものではない。筆者が座長を務めた「スポーツ産業のあり方・活性化に関する調査研究事業」（経済産業省、平成25年度）では、2010年の時点で、わが国のスポーツ産業を8・42兆円と推計した。その中でプロ野球、Jリーグ、相撲を含めたプロスポーツ産業は、フィットネスクラブより小さい約2千362億円の規模にすぎない。社会的な訴求効果や話題性が大きいわりに、産業規模はあまり大きくないのがプロスポーツ産業の特徴である。

米国のスポーツ経済学者であるアンドルー・ジンバリスト[注4]は、米国経済の約11兆ドルに占めるアメリカの4大プロスポーツの総収入は、わずか百億ドルから150億ドル程度で、他のプロスポーツやカレッジスポーツを加えても3百億ドル前後であると指摘する一方、金銭的な価値よりもむしろ、社会・文化的な価値が際立つ特殊な産業であり、近代社会が失ったコミュニティ意識を醸成し、住民にアイデンティティを与える役割を担っていることを強調している。さらに、自動車産業では、トヨタ、GM、クライスラー、フォードが、市場のシェア拡大に向けて熾烈な競争を展開するのに対し、プロスポーツでは、チームが協力して戦力均衡を図り、リーグを盛り上げるという協力義務が業界（リーグ）に課せられている点がユニークだと指摘する。

プロスポーツのリーグでは、ヤンキースの一方的勝利によってレッドソックスが倒産し、リーグから消え去るといった自動車業界で起きるようなサバイバルゲームは存在せず、大都市のチームと地方都市のチームに生じるさまざまな格差も、「ぜいたく税」や「サラリーキャップ」、そして「ウェーバー方式」といった制度によって補完されるシステム[注5]が機能している。このような、通常のビジネスの世界にはない、会社（チーム）の戦力均衡を維持する独自システムも、リーグビジネスの継続性を担保する一つの要因であり、プロチームの倒産や消滅がめったにない理由になっている。

2　見直されるスポーツの力

スポーツにはさまざまな力が備わっている。個人を成長させる力、人と人の絆を培い、地域に生きる喜びをもたらす力、そして、イベントによって多くの人を集め、共通の目標に向かって協働させる力など、そのパワーを示す事例は枚挙にいとまがない。しかしアマチュアスポーツが全盛の時代、スポーツに地域経済を動かす力はなかった。

青少年の健全育成、生活の質（ＱＯＬ）の向上、健康維持・体力づくりといった公益性の高いスポーツ振興は、教育や健康福祉に関する政策において不可欠な要素であっても、地域経済の活性化という視点に立てば、政策的な優先順位は低かった。スポーツに地域経済を動かす力が備わったのは、スポーツ産業のハイブリッド化現象が進展し、地域密着型プロスポーツやメガ・スポーツイベント、そしてスポーツツーリズムといった新しいビジネス領域が出現し、地域経済の活性化を促すスポーツの〈触媒力〉(catalytic power）が認知されるようになってからのことである。

ここに驚くべき数字がある。それはスポーツのハイブリッド化現象によるスポーツの経済的価値の増大を示したものだが、それがもっとも顕著に表れているのが、オリンピックやワールドカップといったメガ・スポーツイベントの放送権料である。たとえばオリンピックの場合、１９６４年の東京大会の放送権料はわずか１６０万ドルであった。その後、放送権料は大きく伸び、２００８年の北京五輪では17億ドルと史上最高額を記録したが、４年後の２０１２年ロンドン大会では最高額をあっさり更新し、その額は26億ドルへと急騰した。１９６４年から２０１２年の半世紀の間に、放送権料はじつに１千６２５倍に伸びたことになる。土地や建物、そして機械設備などの「有形資産」に対して、特許や商標権、そして著作権や放送権は、物理的形状を持たない「無形資産」と呼ばれるが、戦後、ここまで価値が急増した無形資産はオリンピックの放送権料以外に見当たらない。

サッカーのＦＩＦＡワールドカップの放送権料も、１９９８年フランス大会までは1億ドル程度にすぎなかったが、２００２年大会以降金額は一気に高額化し、２００２年日韓大会は10億ドル、２００６年ドイツ大会は17億ドル、そして２０１０年南アフリカ大会は27億ドルと、現在ではオリンピックと変わらない額にまで膨らんでいる。他にも、世界陸上や英連邦が開催するコモンウェルスゲームズ、そしてラグビーのワールドカップ大会など、開催地が固定化されていないメガ・スポーツイベントは、開催国や開催都市に多大なる経済的な恩恵と負担を同時にもたらすことが知られている。

スポーツと地域活性化

経済的に疲弊する地方都市が再生するには、地域資源の有効活用や新しい産業の育成などのさまざまな手立てが必要であるが、新しい投資を呼び込むような具体策は限定されている。その中で注目されるのが、交流人口の増加を目指した観光産業であり、スポーツにまつわる地域資源を有効に活用する「スポーツツーリズム」である。

スポーツが地域に経済効果をもたらすとすれば、それは域外からのビジターがもたらす消費誘導効果に他ならない。地域が大規模なイベントを開催しても、参加者がすべて域内住民である場合、消費活動は域内で完結する。そのため、一時的な消費増はあっても、それは後の（お金を使いすぎたために起きる）消費減によって帳消しにされ、そこにプラスアルファの経済効果が生まれるわけではない。[注6] 観光に注目が集まるのは、域外からの交流人口の増加による消費誘導効果と、域内における観光関連産業における雇用の創出効果が期待されるからである。[注7]

それゆえ、スポーツと都市の活性化を語るうえで、スポーツで人を動かす機能を持ったスポーツツーリズムの考えは不可欠となる。実際、スポーツツーリズムに関心を抱く都市の数は多い。政策実行機関である自治体は、地域観光資源としてのプロスポーツの役割やスポーツイベントの可能性を模索しつつ、自治体におけるスポーツ関連組織の再編に取り組んでいる。このような、スポーツにまつわる施策イノベーションの実態に関しては、第5章で詳しく述べたい。

2020年に向けた東京の動き

スポーツの力を最大限に引き出そうとしているのが、2020年のオリンピック・パラリンピック大会の開催を決めた東京都である。2020年の五輪開催を見据えた「スポーツ推進計画」(2013年)を策定し、世界トップレベルのスポーツ都市東京を目指すことを打ち出したが、その中には、三つの将来イメージと五つの戦略が述べられている。すなわち、「誰もが、多様なスポーツをエンジョイし、一人一人が輝く都市」「世界を目指してチャレンジするアスリートを通じて夢と感動を享受できる都市」、そして「スポーツの力を総合的に発揮し、イノベーションを実現できる都市」という三つのイメージと、それらを実現するために必要な「スポーツにふれて楽しむ機会の創出」「スポーツをしたくなるまちづくり」「ライフステージに応じたスポーツ活動の支援」「世界を目指すアスリートの育成」「国際交流、観光、都市づくり政策等との連動」という五つの戦略である。後半の五つの戦略については、表現がやや抽象的で、現段階では実現に向けた具体的な方策は見えてこないが、これまでスポーツには無関心であった東京が、五輪開催を契機に、スポーツによるポストモダンな都市づくりを目指すことは、世界の先進都市の流れに乗った前向きな動きである。

筆者は、『スポーツイベントの経済学』[注8]のなかで、インディアナポリス（米国）、シェフィールド（英国）、ロッテルダム（オランダ）といった世界の都市が、伝統的工業の衰退サイクルから脱出し、観光・アミューズメント産業、通信・情報産業、そしてスポーツ産業といったポストモダンな産業の育成に、都市経営の関心を移行させていった経過を点描したが、その動きは日本の都市政策にも影響を与えた。たとえば、第5章で紹介するさいたま市のように、スポーツイベントの誘致組織であるスポーツコミッションを設置し、国内外のスポーツイベントの誘致に成功し、スポーツによるまちの活性化を具現化した自治体もある。さいたま市の動きは、自治体の相互参照によって、全国的な広がりを見せている。

3　メガ・スポーツイベントと都市開発

株式会社・神戸によるスポーツと都市開発

１９８５年、神戸市はユニバーシアード大会を誘致した。同市は、当時の市長であった宮崎辰雄氏の明確な都市経営ビジョンによって「株式会社・神戸」と呼ばれるほど積極的かつ斬新な公共事業を展開していたが、神戸ユニバーシアード大会は、スポーツを現代的な都市経営戦略に用いたという点において重要な意味をもつ公共事業でもあった。当時のオリックス・ブルーウェーブ（現オリックス・バファローズ）の本拠地であったグリーンスタジアム神戸や、Ｊリーグのヴイッセル神戸がホームとした神戸総合競技場はこの時に整備された施設であるが、いずれも当時１３４億円を直接投資して建設された神戸総合運動公園（西神地区）の中に位置する。

ユニバーシアード開催が都市づくりにおいてどのような役割を果たしたかについて、当時の宮崎辰雄市長は次のように述べている。「ニュータウン建設がワンセットの生活環境整備を求めるように、イベントはともすればバラバラで立ち遅れがちな都市整備を一気に、しかも総合的に行う促進剤と言える。都市づくりの視点からみたとき、今回のユニバーシアードは単に体育施設の整備に止まらず、ニュータウンづくりという政策の一環であることがより鮮明に浮き彫りにされている。今度のユニバーシアードの主会場となる神戸総合運動公園は、西神ニュータウンの真ん中にあり、地下鉄延伸線上にある。さらに研究学園都市の一環を占めている。ユニバーシアード開催の如何にかかわらず、造成・建設中のニュータウンである。したがってユニバーシアードはこの研究学園都市の都市施設整備の起爆剤的役割を果たしただけでなく、施設の集約的かつ統一的、いいかえれば時期的にズレ込みのない完成を半強制的に行わせる機能を発揮している[注9]」。

メガ・スポーツイベントを都市開発の「触媒」(catalyst)として用いるという考えは、別に新しいものではないが、高度経済成長期を終え、好調な経済に支えられた自治体が、大型の公共事業を一気呵成に進めるために、目標となる好都合のイベントであった。

市民の側からすれば新しい住環境が整備され、ハコ物整備が進むという点において、歓迎すべきプロジェクトであったのかもしれない。しかしながら重要なことは、スポーツが単なる触媒として活用されるだけでなく、整備されたスポーツ施設が存分に活用され、イベント開催で生まれた市民の熱気や関心をスポーツ振興に反映させる長期的かつ戦略的な視点を持つことである。

スポーツが地域活性化に果たす機能

ユニバーシアードのような大規模な国際競技大会が、地域活性化に果たす役割を考えた場合、スポーツには以下に述べる四つの機能があると考えられる[注8]。

社会資本を蓄積する機能

「社会資本蓄積機能」とは、「社会資本としての道路や公園、そしてスポーツ施設や緑豊かな生活環境をストックする機能」のことを意味する。すなわち自治体が、さまざまな方法によって生活に必要な道路や上水道システム、そして公園や緑地を含むスポーツ施設を建設し、それらを住民の生活の質的向上に用いるために社会資本として蓄積することである。都市が必要とする社会資本の優先順位は、時代とともに変化する。ヨーロッパの産業革命期や、わが国の高度成長期には、煙突から勢いよく噴き出す煙こそが経済発展の象徴であり、人々の誇りとされた時代があったが、当時の価値意識は、環境保護や生活の質的向上を優先する現代人の感覚とは大きく異なる。今の日本に必要とされるのは、生活を豊かにし、健康でアクティブな生活の実現を可能にする、社会資本としてのスポーツやレクリエーションのための施設や空間である。

消費を誘導する機能

スポーツにはまた、市民に対して健全なレクリエーションやエンターテイメントの機会を提供し、活発な消費活動を誘導することによって経済を活性化する機能がある。「するスポーツ」の場合、スポーツに参加する人々を増やし、施設をフル活用することによって入場料や施設利用料から収益を上げ、施設経営を安定させて地域活性化を促進することが可能である。また5万人以上の参加者がある国民体育大会（国体）や全国スポーツ・レクリエーション祭（全国スポレク祭）といった参加型スポーツイベントの実施によって、開催地における経済効果を高めることが可能である。また人口5千3百人という北海道の常呂町《ところちょう》のような小さい自治体が、カーリングのパシフィック選手権や、百キロを走るサロマ湖ウルトラマラソンといった集客効果のあるイベントを誘致した場合、地域活性効果は期待以上に大きくなる。

しかしながら日本の場合、スポーツが持つ消費誘導機能をフルに活用し、地域活性化に役立てるという行政ビジョンを持つ都市は少ない。スポーツや健康に関する都市宣言を行っている都市や、スポーツ振興を重要な政策課題とする自治体は多いが、その計画は社会教育や生涯学習の領域にとどまり、継続的なスポーツイベントの招致やプロスポーツの育成といった「スポーツとビジネスとの関わり」を積極的に模索し、地域活性化や都市経営にまで視野を広げているわけではない。この問題はとくに、今まで国体を開催した都道府県や2002年ワールドカップサッカーを誘致した自治体が、ポストイベントの施設活用において考えるべき重要な課題である。

地域の連帯性を向上する機能

「見るスポーツ」がスタジアムで提供してくれる、スペクタクルに満ちた劇的体験やなごやかな交わり(casual sociability)の場は、地域の人々にとって健全な娯楽の機会を提供してくれる。また日常生活の会話の中に頻繁に登場するスポーツは、社会階級や年齢、そして所属集団に関係なく会話を交すことのできる、時と場所を選ばない「リスク・フリー」なトピックである。それは日常生活の潤滑油となり、地域の連帯感の高揚や社会的交流に役立つ。とくに都市住民は、所属意識や自分のアイデンティティを確立するためにスポーツや特定のチームと強く結びついているという指摘もある。[注10] スポーツによって地域が一体化し、共通の話題が人々のコミュニケーションを深め、社会的抑鬱の解放と社会的交流が活発になるという利点をより深く認識すべきである。

都市のイメージを向上する機能

イメージとは、人が心の中につくる心象であり、信念や考え、そして印象がすべて合体することによって生まれる。メガ・スポーツイベントの場合、開催都市のイメージは、単なる地理的な場所のイメージではなく、スポーツが生みだした感動や興奮、スペクタクルな祝祭経験とともに人々の心の中に定着する。世界のスポーツ選手が集うまちの様子は、友好的な地元の人々の笑顔とともに、ニュース番組として世界に発信される。

たとえば特化した商業主義や爆弾テロ事件のため、オリンピック関係者には評判の悪かったアトランタ五輪ではあったが、1996年のオリンピック開催は、犯罪率全米ワースト1という危険で退屈なアメリカ南部の大都市というイメージを一新した。アトランタ市商工会議所が行ったオペレーション・レガシー（遺産活用戦略）は、オリンピックによる都市イメージの刷新を契機とした企業誘致プロジェクトであるが、翌年の1997年には、当初の計画であった州外からの新しい企業誘致の目標をほぼ達したと報告されている。[注11]

4 都市消滅を防ぐ地域密着型プロチームの存在

人口減少とスポーツ

増田寛也[注12]は『地方消滅：東京の一極集中が招く人口急減』の中で、日本は、2008年をピークに人口減少に転じ、20歳から39歳の若年女性が5割以下に減少する自治体は、やがて急激な人口減少に遭遇し、消滅する可能性が高くなると警鐘を鳴らした。同書では、２０１０年から40年までの間に、急激な人口減に見舞われる可能性のある８９６の自治体を「消滅可能性都市」と呼び、日本全土に大きな論争を引き起こした。

日本の人口減は、今後確実に進行する現象であるが、それは同時に、自治体が生き残りをかけた熾烈な都市間競争に巻き込まれていくことを意味する。いかに人口の減少を避け、そこに住む人にとっても、そして観光やビジネスで訪問する人にとっても、魅力的で住みよいまちをつくるかは、自治体の長だけでなく、そこに住む人々にとって大きな課題である。

きわめて大胆な仮説であるが、筆者は、Ｊリーグやｂｊリーグのような、特定地域をホームタウンとする地域密着型プロスポーツがある都市は、人口減少社会においても、消滅することがないという仮説を立てている。残念ながらその仮説を実証するためのデータはまだ見当たらないが、一つの論点として、20歳から39歳までの女性が、家族を持ち、子育てをし、そこに住み続けたいと思えるような生活環境をつくることが重要である。

前述のように、２０１5年現在、サッカーのＪリーグには52、男子バスケットのｂｊリーグには24のプロチームがあるが、これらのチームがあるホームタウンは、リーグ参入の審査を通過したプロチームを持つ力のある自治体である。すなわち、プロスポーツの興行ができるスタジアムやアリーナを保有し、チームを応援するサポーターやファンが定着し、チームの経営を支援する多様な企業が存在する地域である。さらに自治体もプロチームの重要性を認め、積極的に関与する姿勢を保持している。これらのチームがある地域や都市は、人の交流が活発で、高い地域ブランドを保持し、若い人にとって魅力的な住環境を提供することによって、急激な人口減を避けることができるのではないだろうか？

しかしながら、クラブやチームがあっても、ただ手をこまねいているだけでは都市の衰退は避けられない。実際、プロスポーツには、地域を動かす力が存在している。これについては、将来のＪリーグ入りを目指して地域リーグを戦うチームの苦労を描いた、宇都宮徹壱[注13]の『股旅フットボール』の書評を紹介したい。この拙文は、なぜ地域がＪリーグのチーム所有に積極的になるかについて、解説を加えたものである。少し長くなるが、その全体を引用してみよう。

Ｊリーグのチームがない地域にとって、『スポーツで、もっと幸せな国へ』あるいは『あなたの町にもＪリーグがある』といった『百年構想』のキャッチフレーズは、ごく普通のサッカー愛好者を、とんでもない冒険に誘い込む不思議な力を持っている。入れ替え戦のないプロ野球と違い、プロサッカーの場合、リーグは地域リーグからトップリーグまで一気通貫のシステムになっており、地域リーグの底辺にあるチームも、いつかはＪリーグへという夢を育てることができる。このような夢の民主化は、全国にプロサッカーを目指すチームを誕生させ、多くの地域でイノベーション（変革）を誘発した。

では、なぜこれほど多くのチームが夢を持ち続け、挑戦を繰り返すのだろうか？　その答えは、関係者の情熱にある。しかし満ち溢れる個人の情熱も、時がたてばやがて枯渇する。情熱に絶えずエネルギーを注入し、チームの活動に公益的なパワーを付加するのが、本書でもたびたび関係者の言葉として引用されている『郷土愛』であり、チームに対する『誇り』（プライド）である。これらが枯渇することのない情熱の源泉となり、地域を変える力となる。

日本の地方都市には、よく似た風景が広がっている。郊外に出現した複合商業施設が消費を吸い上げ、顧客を失った街の中心部はシャッター街となり、幹線道路には、全国チェーンを展開する飲食店が累々と軒を連ねている。地方経済の停滞と風景の画一化は、そこに住む人々の気持ちまでも停滞させてしまう。地域に夢を、街に元気を、と唱えても、具体的な策は見えてこない。今さら工場やテーマパークを誘致してもしようがない。土木事業やリゾート開発を当て込んだ地域活性化は過去の開発モデルである。スポーツと地域を結び付けたＪリーグの百年構想は、実は、時代の文脈に合致したポストモダンな地域活性化戦略なのである。利権が絡まず、政治的にも無色で、公害とも無縁なプロスポーツは、住民の共感を得やすいコミュニティビジネスであり、地域名を冠したチームは、住民のみならず、議会や自治体と共通意識を持つことが可能である。地方経済が疲弊し、地域への帰属意識が希薄化するなか、ともに戦おうと呼びかけてくれるチームの存在は、地域への誇りを増幅してくれるセクシー（魅力的）な触媒装置なのである。いつかはＪリーグという夢を持ち、地域リーグを戦うクラブが、普通の人たちを熱狂的なサポーターに変えていく『からくり』がここにある。[注14]

セクシーなスポーツビジネス

地域の復権を目指す自治体にとって、「集客力」と「情報発信力」をあわせ持つ「スポーツの力」は魅力的であり、Ｊリーグのクラブが成長するにつれて、都市の力もまた増幅していく。同じ文脈による地域活性化の様相は、２００５年にシーズンが開幕して以来、全国に拡大を続けたｂｊリーグに見ることができる。すなわち、人口減少の引き金となる若い世代の女性をコミュニティに惹きつけ、生きる喜びや楽しさを与えるセクシーな産業が地域密着型のプロスポーツである。

日本では、１９９３年に地域密着を旗印にしたＪリーグがスタートし、各地に成功事例を残したが、もともとヨーロッパのスポーツクラブを参考にして導入された地域と一体になったクラブ運営は、日本文化の土壌と相性が良く、瞬く間に全国で花を開いた。10チームで始まったＪリーグも、１９９９年にＪ２リーグが誕生し、２０１２年にはＪ１とＪ２をあわせてチーム数は40になった。さらに２０１４年にはＪ３リーグが設立され、11の地域にクラブが創設された。２０１５年には、プロスポーツとは無縁だった山口県に「レノファ山口」が誕生するなど、Ｊリーグは全国に拡大した。

今後も、行政と地域の支援を梃子に、将来のＪリーグ入りを目指すチームやクラブは多い。ただし、チーム運営の現実は甘くない。そのため、勝つためのチームづくりだけでなく、ファンをつくり、企業から協賛金を集め、チームをマーケティングするビジネスマネジメントの仕事もおろそかにできない。地域リーグからＪＦＬ（日本フットボールリーグ）へ、そしてＪリーグに駒を進めるには、チームという共同体を会社のような機能体に進化させ、誇りを共有できるサポーターを集め、地域と一丸になった大きなうねりをつくらなければならない。ここにスポーツビジネスのむずかしさと醍醐味がある。

Jリーグのチームは、試合がない時でも、1年を通してさまざまな地域貢献活動を続けており、それが地域との関係性を高めている。プロチームが地域で展開するサッカースクールやバスケットボールスクールは、子育てにおいても好ましい環境を提供する。あるいは地元の小学校への出張授業や食育教育は、プロスポーツができる最大の社会貢献で、未来のファンづくりへの投資というCSV（共通価値の創造）の側面も担っている。

わずか四半世紀の間における地域密着型クラブやチームの急増は、世界でもまれなユニークな現象で、かつてJリーグが参考としたドイツの地域スポーツクラブの成立過程とはまったく異なる日本独自のコミュニティビジネスモデルである。その動きは企業の宣伝広告等であったプロ野球にも伝播し、本拠地の移転を行った日本ハムファイターズや千葉ロッテ、そして楽天ゴールデンイーグルスは、かつての企業スポーツの殻を破り、地元を大切にする地域密着型経営によって、多くの固定ファンを獲得した。

2005年秋に6チームでスタートしたbjリーグも、チーム数を毎年増加させ、08／09シーズンには、東と西のカンファレンスに分かれて13チームがリーグ戦を戦った。その後もチーム数の増加は続き、「島根スサノオマジック」「秋田ノーザンハピネッツ」「岩手ブルズ」「信州ブレイブウォリアーズ」「金沢武士団」など、これまでプロスポーツとは無縁の地域に地元密着型のチームが誕生し、14／15シーズンには、最終的に24チームが参戦した。16／17シーズンからは、企業チームが中心となっているNBL（ナショナル・バスケットボール・リーグ）と統合され、新しくBリーグという名称の新リーグがスタート

スポーツと地域愛着

人口減少にともなうコミュニティの弱体化は、わが国が直面している重要な社会的課題の一つである。その解決策の一つに、地域に対する愛着形成への積極的な関与がある。地域愛着はソーシャルキャピタルの構成要素の一つとして注目されており、これを醸成することで住民が地域活動に積極的に関与し、良質なコミュニティが形成されると考えられている。そこで、地域に誕生したプロスポーツチームが、地域住民の地域愛着の形成にどのような影響を及ぼすかを調べるために、筆者の研究室で、地域に誕生したプロスポーツチームが、ファンと地域住民の地域愛着度にどのような影響を及ぼすかを実証する研究を行った。

調査の対象としたのは2011/12シーズンからbjリーグに新しく参入した「岩手ビッグブルズ」と「信州ブレイブウォリアーズ」である。地域愛着度は、「岩手は他の地域よりも大切である」「岩手に愛着を感

写真 1･1　2016 年 1 月に開かれた bj リーグ･オールスター戦

じている」「岩手には自分の居場所がある」「岩手は自分の街だという感じがする」「岩手にずっと住み続けたい」の五つの項目で測定し、7点尺度の平均点を求めた。信州の調査では、「岩手」を「長野」に替えた質問紙を用いた。調査対象は、会場で観戦したファン（実験群）と、両チームのホームがある長野県と岩手県に住み、バスケットボールを観戦したことがない地域住民（統制群）で、前者は会場で調査を行い、後者はマクロミルを用いたインターネット調査を行った。調査時期は、両チームが誕生した２０１１年から14年までの４年間であり、それぞれ11年の10月、12年の２月、13年の10月、14年の２月に実施した。[注15]

岩手県の結果は**図表1・2**に示すように、地域におけるプロチームの出現が、地域住民の愛着度を毎年高めていくという仮説を実証することはできなかったが、ファンの地域愛着度は、バスケットボールを観戦しない地域住民よりも、常に高い数値を示すことが分かった。同時に行った長野県の結果も、岩手県と同様に、4年間を通じて地域愛着度のスコアは、地域住民よりも高いことが示された。一般に、地域愛着が高い人ほど、町内会活動やまちづくり活動などの地域への活動に熱心である傾向があるとされるが、[注16]今回の調査では、スポーツファンを増やすことが、コミュニティの弱体化を防ぐ手立ての一つである可能性が示唆される結果が得られた。

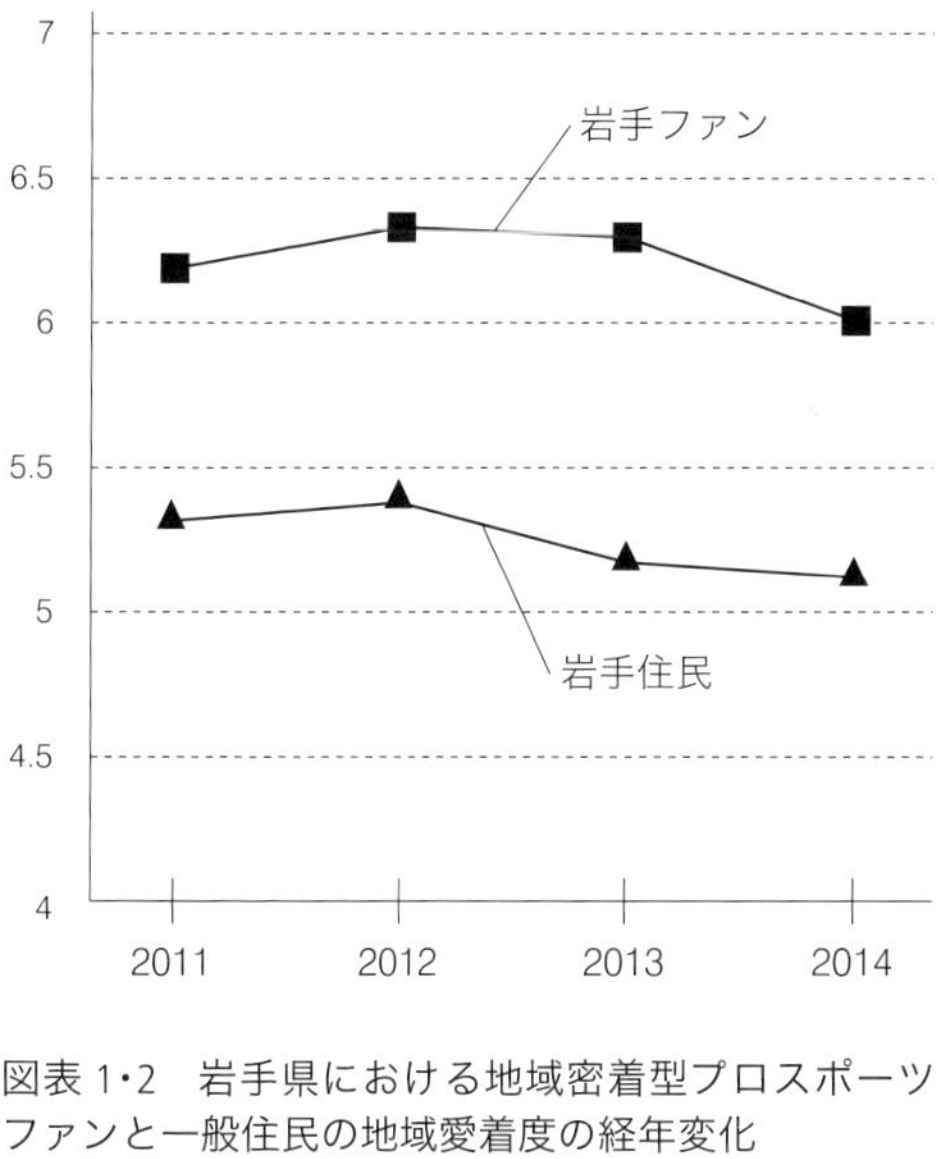

図表1･2　岩手県における地域密着型プロスポーツファンと一般住民の地域愛着度の経年変化

するが、b.jリーグが誕生してから統合されるまでの10年間に育んだプロチームづくりの全国的な機運は、日本のプロスポーツ史上に残る偉大なる功績であり、これからも地方都市の活性化装置として機能していくことが期待される。

第2章　地域スポーツイベントと都市

1　都市の活性化装置としてのスポーツイベント

大規模イベントと都市改造

日本では、世界に先駆けて、大規模国際スポーツイベントを都市改造の触媒として用いてきた。1964年と1972年の夏季・冬季のオリンピック大会（札幌・東京）に始まり、1985年のユニバーシアード大会（神戸）、1994年のアジア競技大会（広島）、1995年のユニバーシアード大会（福岡）、そして1998年の冬季オリンピック大会（長野）といった大規模な国際大会は、新しい道路、新しいスポーツ施設、そして新しい交通網や市街地の整備等、都市改造の機会を開催都市に与えてくれた。

しかしながら、都市改造を含む大規模スポーツイベントの開催は、都市に大きなコスト負担を強いるケースがある。たとえば1998年の長野五輪であるが、大会開催後、施設整備によって多額の借金が生まれ、返済が予想を超えて長期化したことは記憶に新しい。同様に、2002年に開催されたFIFAワールドカップ大会2002においても、埼玉スタジアム2002（埼玉県）やデンカビッグスワンスタジアム（新潟県）のように、Jリーグやサッカー日本代表の試合で有効に活用されている施設もあれば、ひとめぼれスタジアム宮城（宮城県）のように、稼働率が悪く、慢性的な赤字が続いている施設もあるなど、W杯のレガシーについては強い濃淡が見られる。

2016年に東京が五輪招致に手を挙げた時、都民の反応は鈍く、支持率も4割台に低迷したが、支持率の低さには、施設整備への過剰投資など、大規模スポーツイベントがもたらす負のインパクトに対する警戒感が反映したのであろう。しかしながら、２０２０年の東京五輪開催が決まって以来、このような警戒感は霧消し、オールジャパンで五輪を支えるムードが高まった。

その一方、スポーツイベントには、都市や地域を活性化する触媒としての力が秘められている。実際、大小さまざまなスポーツイベントが地域を活性化させ、プラスの経済効果を生みだした事例は枚挙にいとまがない。成熟国家となった日本では、今後計画的な国際スポーツイベントの誘致戦略が必要である。夏季オリンピック大会のようなメガイベントは数十年に一度のスパン、ＦＩＦＡワールドカップ大会や世界陸上のような特定スポーツの世界大会は10年から20年のスパンが妥当である。さらに近年では、道路や街路を活用した、大規模な施設建設や都市改造をともなわないサイクルイベントやマラソン、トレイルランニングやヒルクライムレースなど、新しい意味が付与された資源活用型スポーツイベントの人気が高まっている。

スポーツイベントと都市イメージ

スポーツイベントに関して、興味深いデータがある。平成23年度（２０１１年）横浜市民スポーツ意識調査によれば、「スポーツ活動がますます盛んになるためにはどのようなことが必要か？」という質問に対し、23項目ある理由のトップになったのが「国際的な大会・イベントの開催」であり、47・８％の回答があった。前年度の調査ではわずか12・８％であった回答が、１年で４倍に増えたことになる。その理由は後述するが、2位は「ウォーキング・サイクリングなどができるコースの作成や紹介」(42・5%)、3位は「スポーツ施設の整備」(41・3%)、4位は「年齢層にあったスポーツ種目の普及」(39・6%)そして5位は「地域プロスポーツチームの活性化」(35・9%)となっている。[注1]

「国際的な大会・イベントの開催」が第一の理由になった背景には、2009年から開催されている世界トライアスロンシリーズの横浜大会の存在がある。モダンで風光明媚な横浜港と山下公園を舞台とする大会は、現在もNHK/BS1でライブ放送されるとともに世界120の国と地域に配信されている。EXPO会場(スポンサー企業の商品展示)とVIPラウンジも拡充され、2日目に行われたエイジの部(エリートとは異なる一般参加の部門)では、男女合わせて1千4百人が出場したが、その中には20名のパラリンピアンも含まれている。

横浜の成功事例を見ても、自治体が関心を持つスポーツイベントは、これまでの都市改造をともなう大規模イベントから、都市や地域の資源を最大限に活用した、「地域主導型のスポーツイベント」の誘致開催にシフトしてきている。折しも横浜では、本大会において「イベントマネジメントの持続可能性に関する国際標準規格(ISO 20121)」を取得したが、これは国際トライアスロン連合が提唱する「グリーントライアスロン」に準じた環境整備に力を注いだ結果である。世界的な規模で環境意識が高まるなかで、都市に対する最小限の環境負荷で、最大限の社会経済効果を得るイベント運営は、都市経営の重要な課題になることが予想される。

筆者の研究室では、日本トライアスロン連合と協力して、毎年横浜大会の参加者と観戦者に対する調査を実施しているが、２０１４年度調査において参加者の52・5％がＩＳＯを取得していることを認知しており、環境への関心度も、ＩＳＯを認知していない参加者に比べて有意に高いことが明らかになった。[注2] 同調査では、「親和図法」という定性的情報処理法を用い、参加者が横浜に対して抱くイメージも測定した。その結果、もっとも強かったのが、赤レンガ倉庫や山下公園といった「観光地」（５７２ポイント）のイメージであり、それに「港」（３０９ポイント）、「自然」（１１９ポイント）、「スポーツ」（91ポイント）が続いた。自然のイメージには海や緑、スポーツのイメージには、トライアスロンの他、横浜ベイスターズや横浜Ｆマリノスといったプロスポーツのイメージが強く反映されている。よって横浜では、国際トライアスロン大会の開催地であるとともに、プロ野球やＪリーグのチームを保有する自然豊かな港湾環境を持つ観光地というブランドイメージが形成されている。

２　無限に広がるスポーツイベントの可能性

スポーツイベントの概念図

図表２・１に示したのは、スポーツイベントの種類を理解するための概念図である。縦軸に総合大会か種目別大会か、横軸に国際レベルの大会か草の根（グラスルーツ）レベルの大会かを配し、四つの象限に分類した。また四隅にはそれぞれのイベントの主催者もしくはライツホルダー（権利保有者）を例示した。

右上の第一象限は、国際的な種目別大会で、サッカーのＦＩＦＡワールドカップ大会、世界陸上、世界水泳、ラグビーのワールドカップの他、フランスのＡＳＯ（アモリ・スポルト・オルガザシオン）や、レッドブルが主催するツール・ド・フランスやエアレースのワールドシリーズなどが含まれる。ツール・ド・フランスは、開催地がフランス国内に固定されているが、その他のイベントの開催地は不定であり、開催を希望する国や都市が複数存在する場合、ビッド（招致）による誘致活動が行われる。

左上の第二象限は、中学生の大会や高校生の大会、そして社会人

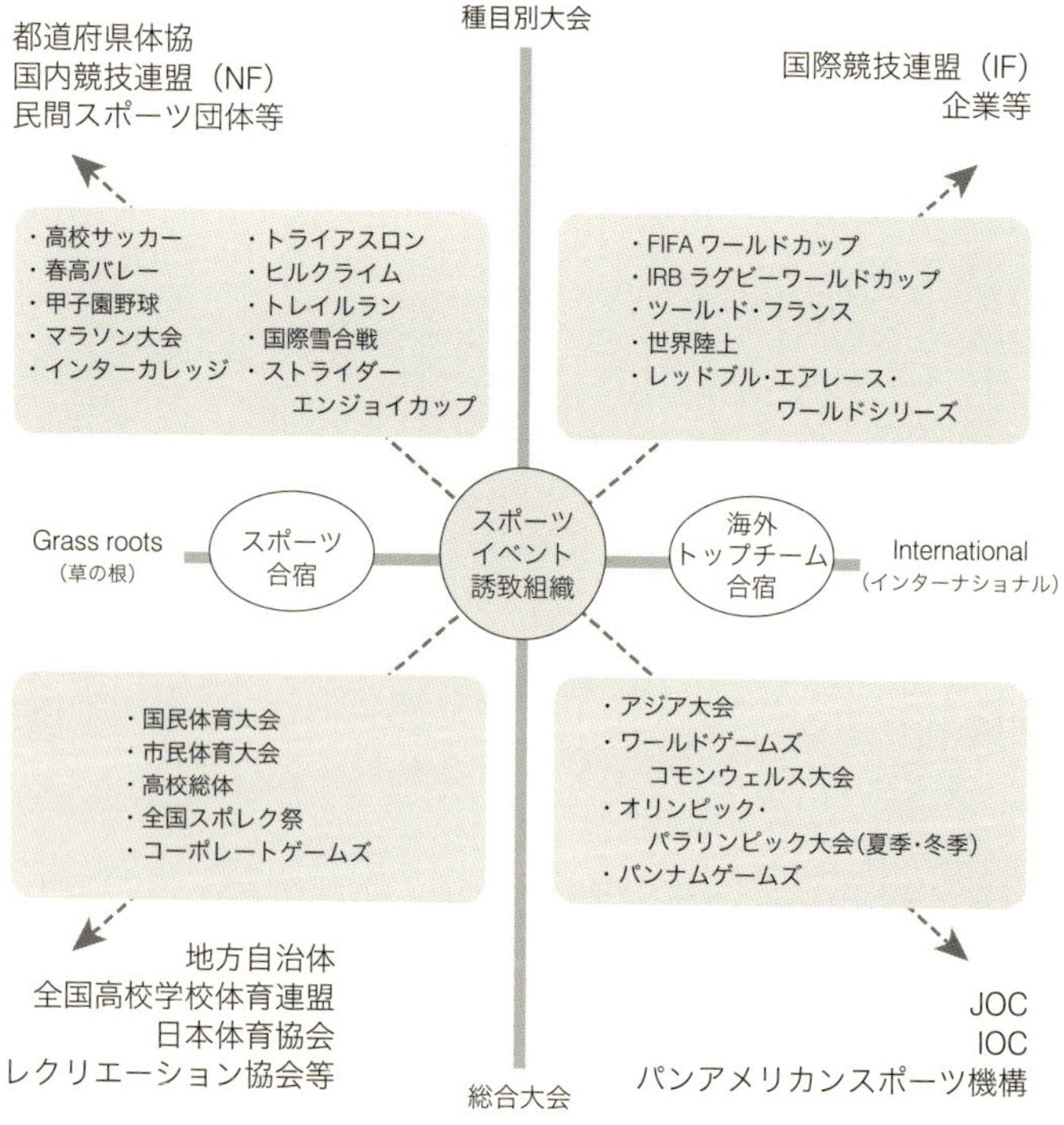

図表 2・1　スポーツイベントの多様性を示す概念図

の大会や中高年者が参加するマスターズ大会まで、国内選手が参加するすべてのスポーツ競技の種目別大会がこの中に包含される。全国高校サッカー選手権、全日本バレーボール高等学校選手権（春高バレー）、野球の春・夏の甲子園大会などのメディア価値の高い大会もあれば、マラソンやトライアスロン、そしてトレイルランニングやヒルクライムレースのように、全国で行われる参加者主体の耐久性スポーツの大会がある。その一方、全国パークゴルフ選手権や国際雪合戦のようなレクリエーション的な大会や、車椅子バスケットボール選手権のような障がい者スポーツの大会もあり、イベントの種類は多様である。

左下の第三象限には、都道府県が持ち回りで開く国民体育大会や高校総体といった競技を主体とした総合大会の他、全国の自治体で開かれる市民体育大会や全国スポレク祭といったイベントが含まれる。また近年注目を集める大会として、「コーポレートゲームズ」がある。マルチスポーツの国際フェスティバルという位置づけで、参加は基本的に自由だが、福利厚生として企業単位で参加するグループが多く、ビジネス交流の場として活用されている。日本では２０１４年９月、２５０の企業・団体から約６千名が参加して第1回大会が開かれた（13競技）。その後２０１５年には、県のスポーツツーリズムモデル事業の補助を受けて、沖縄コーポレートゲームズ（15競技）が開催された。

右下の第四象限に含まれるのは、比較的大規模かつ国際的に知名度の高いメガ・スポーツイベントであり、オリンピック・パラリンピック大会、アジア大会、英連邦に所属する国々が出場するコモンウェルスゲームズ、南北アメリカ大陸の国々が参加するパンナムゲームズ（パンアメリカン競技大会）、五輪種目以外のスポーツが参加するワールドゲームズなどがある。ここに分類される国際大会は、開催地が固定されておらず、何年かごとに都市をローテーションすることが決められている。

図表2・1の中心に位置するのがスポーツイベントの誘致組織であり、現在各地域で設置が進むスポーツコミッションがこの役割を果たす。スポーツコミッションについては第5章で詳しく述べるが、要はスポーツ競技団体やスポーツイベントのライツホルダー（興行団体）と、都市（自治体）をつなぐ「インターフェース」の役割を果たす組織であり、スポーツイベントが都市にもたらすさまざまな果実（消費誘導効果、都市の知名度アップ、地域連帯感の向上、社会資本の蓄積など）を最大化することを目的とする。現在多くのスポーツコミッションが全国で設立されているが、とくに地方都市において、人口減少に歯止めをかける有効な手立てが見つからないなか、若い世代を引きつける魅力的なスポーツイベントの誘致や、地域への経済効果が期待できる合宿の誘致を行う同組織に対する期待は高まっている。

ウィンブルドンから地域の大会まで

世界で行われているスポーツイベントの数は？と聞かれても、その質問に対する答えを見つけるのは容易ではない。それには幾つかの理由がある。第一に、競技スポーツからレクリエーションスポーツまで種目があまりにも多様であり、第二に、それらの多様な種目にも、男子か女子か、そして健常者か障碍者か、ジュニアかシニアかといった対象別のカテゴリーがあり、第三に、マラソンや自転車レース、そして3ｂｙ3（バスケット）やエクストリーム（ＥＸ）スポーツのように、毎年新しい大会が世界中で増え続けており、第四に、後述する「スポーツGOMI拾い」や「スポーツ雪かき選手権」のようなレクリエーション的かつ社会貢献的なイベントが考案されているからである。

大会の多さを理解するために、錦織圭選手の活躍で注目を集めるテニスを例にして説明してみよう。テニスでは、プロが参加する世界男子ツアー（ATP）は6層に分かれている。最上段に位置するのはグランドスラムと呼ばれる全米、全豪、全仏、そしてウィンブルドンの4大大会であり、一般の人にもよく知られている。その下には順にATPマスターズ1000（9大会）、ATP500シリーズ（13大会）、ATP250シリーズ（38大会）といったツアー公式戦があり、優勝すれば、それぞれ1千ポイント、5百ポイント、250ポイントが加算される分かりやすいシステムになっている。驚くべきはその下にある「チャレンジャーズ」と呼ばれる賞金総額が2万5千ドル以上15万ドル以下の大会と、1万ドル以上1万5千ドル以下の「フューチャーズ」と呼ばれる小さな国際大会で、下にいくほど大会数が増える仕組みになっている。チャレンジャーズの大会は約150あり、最下層に位置するフューチャーズにいたっては約5百の大会があり、毎週世界のどこかの都市で開かれている。

加えてテニスには、世界女子ツアー（WTA）もあり、男子と同様、グランドスラム（4大会）を頂点に、WTAプレミア（19大会）、WTAインターナショナル（29大会）と続き、ITFサーキットという最下層の大会が開かれている。さらに国枝慎吾選手の活躍で知られている車椅子テニスの国際大会もある。健常者の大会と同様、グランドスラム、スーパーシリーズ、マスターズ、ITF1、ITF2、ITF3、フューチャーズといったランク付けされた大会があり、選手は獲得ポイントを競っている。

以上は国際テニス連盟が管轄する公式ツアーであるが、その他に、国内では小学生、中学生、高校生、大学生、社会人、実業団等の大会が、毎週どこかで開かれている。テニスというスポーツ一つとっても、国内外でこれだけ多くの大会が開かれているわけで、これに他のスポーツや、次に紹介するレクリエーション関係の大会を加えると、スポーツイベントの数は無限大に広がっているといっても過言ではない。

社会問題の解決を試みるスポーツイベント

公益社団法人スポーツ健康産業団体連合会と一般社団法人日本スポーツツーリズム推進機構は、全国で行われているさまざまなスポーツイベントや事業を表彰する「スポーツ振興賞」を設定し、スポーツツーリズムやスポーツによるまちづくりに貢献した団体やグループに対し、六つの賞を授与している。これらは、「スポーツ振興大賞」「国土交通省観光庁長官賞」「日本スポーツツーリズム推進機構会長賞」「経済産業省商務情報政策局長賞」「日本商工会議所奨励賞」「スポーツ健康産業団体連合会会長賞」であり、2016年からは、「文部科学省スポーツ庁長官賞」が加わった。

スポーツ振興賞には、毎年多くの応募があるが、イベントの種類は多様で、地域の特色を活かしたユニークなものや、社会問題の解決に取り組むスポーツイベントなども含まれている。たとえば2012年度に経済産業省商務情報政策局長賞を受賞した「ゴミ拾いはスポーツだ」(一般社団法人日本スポーツGOMI拾い連盟：東京都渋谷区)は、地域で行われているゴミ拾いとスポーツを融合させた競技で、決められた競技エリアと制限時間内に、チームで力を合わせてゴミを拾い、その質と量を競い合うイベントであり、楽しさと地域の美化を目的とする地域貢献型イベントである。

同じ年に日本商工会議所奨励賞を受賞した「廃線でサイクリング⁉」（NPO法人神岡・町づくりネットワーク：岐阜県飛騨市）は、鉄道遺産である廃線のレールを活用したレールマウンテンバイク（市販の自転車にレール走行用のフレームを組み合わせた二人用の乗り物）のイベントであり、宿泊をともなう2万人という乗車人数が、地域に大きな経済効果をもたらした。

２０１４年度には、「国際スポーツ雪かき選手権」というユニークなイベントが、経済産業省商務情報政策局長賞を受賞した。これは「一般社団法人日本スポーツ雪かき連盟」（北海道小樽市）が主催する大会で、「雪かき競技」「雪だるま競技」「ボランティア雪かき」の3競技で構成され、雪で遊びたい人々を、過疎と高齢化によって除雪が困難になりつつある地域の「雪かきの担い手」とすることで、社会課題の解決と観光振興の両者を同時に実現することを目的としている。遊びの精神を大切にしつつも、落雪事故や生活路の遮断を引きおこす雪の問題を救済するために、雪かきにルールを策定し、チーム戦で競い合う競技に仕立てられたスポーツ雪かきは、地域に密着した社会問題解決型のスポーツイベントとして今後の発展が期待される。

さらに興味深いのは、２０１５年に日本スポーツツーリズム推進機構会長賞を受賞した「おもてなしスノーレンジャー」で、中国や韓国からの外国人留学生を、スキーインストラクターとして育成するプロジェクトである。２０１３年度には、18名の受講生があり、（財）全日本スキー連盟（ＳＡＪ）のスキーバッチテスト2級に11名、認定指導員に6名が合格し、これからの活躍が期待されている。今後、アジアの富裕層が拡大するにつれ、東南アジアにはない冷涼な気候や雪を求めて移動するツーリストの数は劇的に増えることが予想される。その意味からも、母国語で指導してくれるインストラクターの役割は重要である。

3　スポーツイベントがもたらす経済効果

経済効果とは？

スポーツイベントでは、規模の大小に関係なく、参加者の消費行動は必ず開催地域に経済効果をもたらす。イベントの規模が大きくなり、域外から多くの参加者や観戦者が集まれば、開催地域に起きる経済効果はさらに大きくなる。重要なことは、地域住民の消費ではなく、地域外から集まる人たちの消費行動に関心を持つことであるが、この点についてはのちほど詳しく述べよう。

オリンピックやＦＩＦＡワールドカップのように、世界のメディアが関心を持つメガ・スポーツイベントでは、巨額の経済効果が見込まれる。これらのイベントは、単に規模が大きいだけではなく、そこで競われる質の高いパフォーマンスに対して、巨額の放送権料や協賛金が発生するという点にある。そのため開催国や開催都市には、一級のスポーツ施設や関連施設の建設に対する巨額の投資が求められ、結果として大きな経済的効果が生じることになる。

メガ・スポーツイベントに対して、経済的な関心が集まるようになったのは、スポーツが権利ビジネス化する1980年代以降である。1984年ロス五輪以前のオリンピックは、国が総力を掲げて行う国家的事業であり、スポーツ施設や都市インフラの整備に巨額の公的資金が投入されるものの、そこから生まれる経済波及効果に注目が集まることはなかった。日本で開催された1964年東京大会でも、スポーツ施設の建設以外に、地下鉄建設費、空港整備費、東海道新幹線建設費、オリンピック道路建設費等に、当時のお金で1兆円が投資されたが、具体的な経済効果が喧伝されることはなかった。

しかし、民活五輪と呼ばれた1984年ロス五輪が経済的な成功を収め、黒字化に成功するや否や、オリンピックは都市再生の触媒的機能を持つホールマーク(優良)イベントに姿を変えた。今では、メガ・スポーツイベントが開催されるたびに、必ずと言っていいほど経済効果が話題になり、具体的な数字が算出される。たとえば2020年の東京五輪の場合、当時の招致委員会が開催概要計画書を提出する際に算出した額は、2013年から2020年で約3兆円という控えめな数字であった。その一方、民間の森記念財団都市戦略研究所の試算では、同時期の経済効果は18兆円になると見積もっている。[注3]両者の数字の開きは、今後2020年に向けて起きると予測される訪日外国人の増加や外国企業の進出といった「五輪の副次的効果」が加味されたことで生じた乖離である。

ここで注意すべきは、算出された経済効果の数字は、あくまで推測であって、検証が不可能という点にある。すでに終わったイベントの経済効果の算出は、イベントへの参加者が使ったお金や、施設建設や運営に使われた費用が分かれば比較的正確な数字を得ることはむずかしくはないが、今後発生する費用を正確に予測することは困難である。

経済効果の算出においては、ときに恣意的な数字の操作によって主催者（この場合、国、都市、企業、スポーツ関係者等）に都合の良い数字が算出されることもあり、政治的な説得材料として利用されてきた。メガ・スポーツイベントの経済効果を読み説く上で重要なことは、イベントが誘発する経済効果の正しい理解と、経済的な視点に限定されない、イベント開催後の長期的なレガシー（遺産）を広い視野から俯瞰する姿勢である。

イベントの大小に関わらず、域内・域外から人が集まり、消費活動を展開すれば、当該地域において必ず経済効果は発生する。その中でもとくに、巨額の公金が投入されるオリンピックやＦＩＦＡワールドカップのようなメガ・スポーツイベントの場合、誘致・開催の妥当性を強調しようとする政治的な意図に沿うように、イベントがもたらす便益の総体（グロス・ベネフィット）が報告されるが、本当の経済効果は、コストを差し引いた正味便益（ネット・ベネフィット）で示されなければならない。[注4]

参加型イベントの経済効果

選手や関係者だけが集う小規模イベントの場合、巨額の建設費や警備費といったコストがかからない分だけ、それ相応のネット・ベネフィットを得ることが可能である。たとえば、ある自治体が学生スポーツの全国大会を誘致した場合、1チームあたり20名の選手・関係者が合計15チーム、それぞれ1週間滞在するとした場合、延べ2千百日分の宿泊費が発生する。一人あたりの宿泊費を1泊5千円とした場合、約1億円の直接収入となり、大会開催にかかる経費（施設利用費や運営費）を差し引いても、かなりの正味便益が地元に還元される。さらに直接収入から生まれる生産波及効果も、地元への収益として期待される。

筆者の研究室が、公益社団法人日本トライアスロン連合（JTU）とともに2014年4月に実施した、南紀白浜トライアスロン大会調査（和歌山県）では、観光を兼ねた遠方からの参加者が大部分を占めたこともあり、地元に多額の正味便益が還元された。まず総消費額であるが、一人あたり平均の宿泊費は1万7千810円、飲食費が7千958円、観光・娯楽費が4千615円、土産・買物費の4千783円であり、これらを合計して参加者498人と平均同伴者数2・8人を乗ずると、合計は4千904万円であった。この数字をベースに、観光庁の「MICE開催による経済波及効果測定モデル」を用いて求めたのが、直接効果の1億1千354万円と経済波及効果の2億4千622万円という数字である。[注2]ちなみに直接効果は、主催者、参加者、来場者による、飲食、宿泊、会場設営、イベント運営などの支出のうち、当該地域に生じた需要増加分（すなわち消費や投資などの初期需要額の増加によって直接的に誘発される生産額）を意味する。南紀白浜の場合、大都市の大阪などから車で移動するには便利な距離で、アドベンチャーワールドや美しいビーチ、そして多くの景勝地を持つ一級の温泉地であることから9割以上が県外参加者となり、大きな経済効果を生む大会となった。

経済効果測定に含まれる問題点

経済効果測定においては、同じイベントに対して、同じ産業連関分析を用いた場合でも、前提条件や適用手法が違うため、異なった測定結果が導かれるケースがある。2002年のFIFAワールドカップ大会においては、大会全体と開催地域合わせて15の経済効果に関する数字が報告されているが、発表機関や計算方法はそれぞれ異なる。たとえば住友生命総合研究所の測定においては、W杯グッズを一人あたり1万円買い、国民の1割である1千2百万人が購入したものとするというかなり根拠が不明確なデータをもとに数字を積み上げており、経済効果として得られた4千550億円という数字は、当時電通総研が試算した3兆円という数字と大きく乖離している。川口和英は、このような乖離状況について、事業効果の最終需要を試算するうえでもっとも検討すべきパラメーターである利用者の単価と入場者数に統一性がないうえ、経済効果のとらえ方の範囲と試算に難があると指摘している。[注5] これは前述した、2020年東京五輪の経済効果を推計した招致委員会の3兆円という数字と、森記念財団都市戦略研究所が算出した18兆円という数字の乖離と、理由はよく似ている。

ある限られた地域内で生じる「真水の経済効果」を測定するには、地域住民のイベント期間中の日常生活の消費を除き、域外からのビジター、メディア、ビジネス関係者の消費のみで計算されなければならない。域内住民の消費は、結局は域内におけるキャッシュの還流にすぎず、たとえ、スポーツイベントのチケット購入に1万円が支出されても、それはイベント後の余暇支出の1万円減を意味する。すなわち、地域密着型のプロスポーツが、何万人の地元ファンを集め、ゲーム興行によって収益を上げても、それは(日常的に行われる)既存の地域支出の再配分にすぎず、地域の経済効果はゼロに等しくなる。よって「ゼロサムゲーム」を避け、経済効果を高めるには、域外からファンを集め、宿泊や飲食等のキャッシュを呼び込む必要がある。たとえば、あるスポーツイベントにおいて、10万人の観客が集い、一人あたり1千円の弁当を購入したとして経済効果の中に組み入れても、この1千円は、日常生活で消費する夕食代と相殺されるべき支出である。ハワード&クロンプトン[注6]は、アメリカでも多くの経済効果の数字が、日常の地域支出を含んでいる点を批判し、イベントで誘発された消費の総量を示すグロスでなく、地域支出を差し引いた純粋なネット（正味）の経済効果を算出する必要性を指摘している。

もう一つの問題は「置換コスト」である。メガ・スポーツイベントが開催されるということは、混雑や規制によって、通常行われるべき経済活動が阻害され、消費活動が停滞することを意味する。２００8年北京五輪では、交通の混雑を避けるために、車のプレートナンバーの最後の数字が奇数か偶数かで使用日を制限した。これによって、市民の日常の外出が抑制され、外食やショッピングなど、本来生じるべき消費行動が減退した。また、道路の交通規制や立ち入り禁止区域の増大によって、人々の行動が制限されるという事態も生じており、その結果、日常的な経済活動がマイナスに転じる可能性がある。

メガ・スポーツイベントに参加する選手・役員・家族、そして観客といった都市ビジターは、経済効果を生みだす源泉であるが、同時に、都市機能の一部規制、テロ攻撃への懸念、ホテルの混雑などを生じさせ、一般の都市ビジターが、イベント期間中の都市の訪問をキャンセルし、訪問時期を変更することがある。反対に、別の時期に開催都市を訪れる予定であった訪問客が、イベントに合わせて訪問を変更することもあり、将来の訪問キャンセルという損失につながるケースもある。これらは、時間や機会の置換現象と呼ぶことができる。実際、２０１２年のロンドン五輪でも、大会期間中は混雑やホテル代

の高騰を嫌う通常の観光客の数が、対前年同期比4・2％、第三四半期に減少したことが報告されている。[注7]

4　都市空間を市民に開いたマラソンブーム

2007年に日本で初めて一般市民が自由に参加できる3万人規模のフルマラソンの大会が開催された。それが「東京マラソン」であり、その後、一般市民向けのマラソン大会が一気に増え、2015年には、フルマラソンだけで197大会が開催されるようになった。東京マラソン以前の日本では、交通規制の問題もあり、道路の封鎖時間が短い福岡マラソンやびわ湖毎日マラソンのようなエリートレースが主流で、日本陸連公認のフルマラソンの大会に、一般市民が参加することはできなかった。

ちなみに、日本陸連が認める「公認コース」では、公認記録が認められるため、42・195キロという絶対的な距離が必要である。よって距離が1センチでも短いのはアウトだが、長いものについては、0・1％（42メートル）まで認められている。スタートとフィニッシュの場所であるが、両者の直線距離は、競技距離の半分（すなわち21キロ）以下でなければならない。これは追い風と向かい風を考慮してのことだが、スタートとフィニッシュが同じ地点であることは問題ない。コースの高低差についても、両者の標高差が競技距離の0・1％（すなわち42メートル）以内という規定がある。もちろん、公認記録がとくに必要ない市民向けのマラソン大会のコースには、このような規定は適用されない。

市民向けのマラソン大会

市民向けのレースとしては、1967年に始まった「青梅マラソン」が良く知られている。オリンピックや箱根駅伝で活躍する著名なランナーと一緒にレースに参加できる30キロのレースとして知られ、参加にあたって資格制限をしない市民マラソン大会として歴史を重ねている。その後、1981年に「つくばマラソン」（茨城県）や「篠山ABCマラソン」（兵庫県）、1993年に「おきなわマラソン」（沖縄市）、1994年に「京都木津川マラソン」（京都府）や「泉州国際市民マラソン」（大阪府）、1997年に「淀川市民マラソン」（大阪市）などの市民マラソンが地方都市を舞台として始まったが、この時点でのランニング人口は横ばいであった。さらに1995年の阪神・淡路大震災の影響や、市町村合併による大会中止などもあり、市民マラソンブームも一時低迷期を迎えた。

その一方海外では、1897年にボストンマラソン、1970年にニューヨークシティマラソン、1976年にパリマラソン、そして1981年にロンドンマラソンが始まっており、何万人という市民が、お祭りのような雰囲気の中で楽しくマラソンを走る大都市型イベントが定着した。日本においても、エリートランナーと一般市民が参加できる、大都市のフルマラソン大会が望まれていたが、当時の日本では、マラソンは陸上競技選手の大会という固定概念が強く、マラソンコースを公認する日本陸連も、「素人ランナー」が一緒に参加する大会の開催には消極的であった。さらに、大会開催中の道路封鎖による経済活動の停滞を懸念する沿道の商店や、事故や混乱を防ぎ、長時間交通規制を行う警察も、何万人という一般人が一斉に公道を走る大都市マラソンの開催には及び腰であった。

エリートと素人が一緒に走る都市型マラソン

風向きが大きく変わったのは、石原慎太郎都知事（当時）が２０１６年の五輪招致を決めた頃からであり、東京の魅力をアピールする絶好の機会として東京マラソンの開催を決めた。都心の公道を使った初の大会は大成功を収め、ここ数年は30万人を超える応募が続いている。

東京マラソンの人気が急速に高まったのには幾つかの理由がある。その最大の理由が祝祭空間の創造である。世界的なランナーと一緒に42・195キロを走る楽しさはもとより、サブスリー（3時間以内）やサブフォー（4時間以内）という目標の達成を目指すランナーもいれば、東京最大の祭りに参加し、最大7時間をかけてゴールする歓びを周りの人たちと分かち合う一般ランナーもいる。加えて、東京マラソンが「苦しい」「不可能」「記録」といった従来のマラソンのイメージを、「楽しい」「達成可能」「ファッショナブル」「生きがい」「ツーリズム」といったポジティブなイメージに転化させたことも、成功の要因であろう。

東京マラソンはさらに、２０１３年の大会より、マラソン版「グランドスラム」である、「ワールドマラソンメジャーズ」（ＷＭＭ）に加入し、エリートランナーにポイントが付与されることになった。各大会5位までに入賞すると、1位に25点、2位に15点、以下3位から5位まで10点、5点、1点が付与され、最高得点の選手には、賞金50万ドルが贈られる。ワールドマラソンメジャーズは２００６年に始まり、ボストン、ロンドン、ベルリン、シカゴ、ニューヨークの5都市で構成されたが、ここに東京が加わることにより、世界6大マラソンとしての注目度が一気にアップした。その影響もあり、２０１５年大会は、5千人の海外ランナー枠に対して、前回比33％増の1万4千6百人の申し込みがあるなど、多くのスポーツツーリストを海外から招き入れることのできる潜在力を示した。

WMMに加わった東京マラソンは、スポーツイベントにおいて他の5都市と肩を並べるステータスを得たが、実際、年に1度開かれるメガ・スポーツイベントは、ホテル、アクセス、環境、安全、ホスピタリティ等、都市の総合力をPRすることができる国際的なショーケースでもある。7時間を超える交通規制や150万人を超える沿道応援者への対応等、都市の総合力が集結されて初めて成功するイベントであり、2020年東京五輪に向けて、都市として東京の実行能力の高さを世界に示す絶好の機会となっている。

メガ・スポーツイベントのセキュリティ

その一方で、スポーツイベントが巨大化し、世界の注目を集めるにつれ、テロ防止や事故を未然に防ぐ安全対策が不可欠の要因になってきた。とくに宗教的対立による紛争やテロ行為が頻発する欧州では、スポーツイベントにおける観客、審判、アスリートを、事故や事件から守ることが重要視されている。近年、「セーフティ」と「セキュリティ」を専門とする会社も出現し、イベント参加者に不便をかけない最小の規制で、最大の効果あげるための対策が講じられている。

日本では、セーフティとセキュリティをほとんど区別なく使用しているが、セーフティを「安全」、セキュリティを「警備」と訳すと意味が把握しやすい。前者は、イベントや参加者を脅かす構造やシステムの欠陥、そして運営上の不備や事故を未然に防ぐことを意味し、後者は、イベント参加者やイベントそのものに悪影響を及ぼす個人やグループへの対応や実力行使を意味する。

別の言葉で言うと、セーフティは、事故、悪天候、傷害などの「偶然の事故」から人や財産を守る「防災的」な意味を持つが、セキュリティは、悪意を持った「人為的」な行為から人や財産を守る、専門家とテクノロジー、そしてノウハウが合体した「防御的」な意味を持つ。たとえば、ゲート式金属探知機や、不審車両を止めるパワーポラート（地下に収納されている円筒状のポールを地表より突出・沈降させることにより車輛等の進入を制御する装置）などは、危険な行為を防御するためのテクノロジーである。

いまだに記憶に新しいが、２０１３年4月15日のボストンマラソンでは、爆弾テロで3名が死亡し、２８２人が負傷する痛ましい事件が起きた。２０１５年の東京マラソンでは、そのような事態を未然に防ぐために、64人の警察官を「ランニングポリス」として、一般ランナーに伴走させるテロ防止策を講じた。マラソン当日は、携帯電話やカメラを装着した警察官が、画像や映像をリアルタイムで警察庁本部に送るとともに、不測の事態に備え、特殊警棒や警笛、催涙スプレーも携帯したが、これはテロ対策における警察力の示威行為というセキュリティであり、ランニングポリスという「見せる警備」がテロの抑止力効果を持つとともに、イベント参加者にも安心感を与える役割を果たしている。

5　地域活性化装置としてのアウトドアスポーツイベント

スポーツ資源大国ニッポン

一般に、日本は資源が乏しい国と言われている。実際、石油や鉄鉱石、そして石炭や天然ガスも、ほとんどを輸入に頼っており、石灰と硫黄を除いて、地下資源の自給率はきわめて低い。また国土は狭く、山が多く、狭い平野に人口が集中するなど、住宅事情も決して良くない。

しかしながら、これまで日本人を悩ませてきた急峻な地形や世界有数の豪雪が、今は有望なアウトドアスポーツ資源になっていることを再認識すべきだろう。急峻な地形のおかげで、長さが短く流れが速い河川は、リバーラフティングに向いており、世界有数の豪雪が、良質なパウダースノーに憧れる世界のスキーヤーを魅了しているのである。

図表2・2に示したのは、平地や急峻な地形といった、これまであまり注目されなかったスポーツ資源を活用した、アウトドアスポーツの種類である。流れの速い川を下るリバーラフティングやカヤック、山の斜面を滑るスキーやスノボ、高地から滑空するパラグライダー、滝つぼに飛び込むキャニオニング、垂直に落下するバンジージャンプ、そして山道を登るヒルクライムや登山もある。さらに地面と平行に飛ぶ気球とともに、地面を走るマラソンやトライアスロン、そしてサイクリングと、等高線を活用したアウトドアスポーツの種類は多様である。[注8]

繰り返すように、日本の国土は、ヨーロッパに比べると、険しい地形の山岳地帯が多いが、一方で、その険しさがアウトドアスポーツの利点にもなっている。このようなアドバンテージを最大限に活用し、冬の「ホワイトシーズン」に続いて、春夏秋の「グリーンシーズン」のアウトドアスポーツのプロモーションも、今後のインバウンド観光の有望なコンテンツの一つである。

エンデュアランススポーツの新しい展開

耐久性スポーツは、欧米では「エンデュアランススポーツ」とも呼ばれ、一般に長い距離を移動し、長い時間をかけて行われる競技である。日本では、前述のマラソンはもとより、トライアスロンやトレイルラン、そして自転車で山を登るヒルクライムといった耐久系レースの数が急増している。ただし、耐久性という言葉には、「耐える」「きつい」「長い」

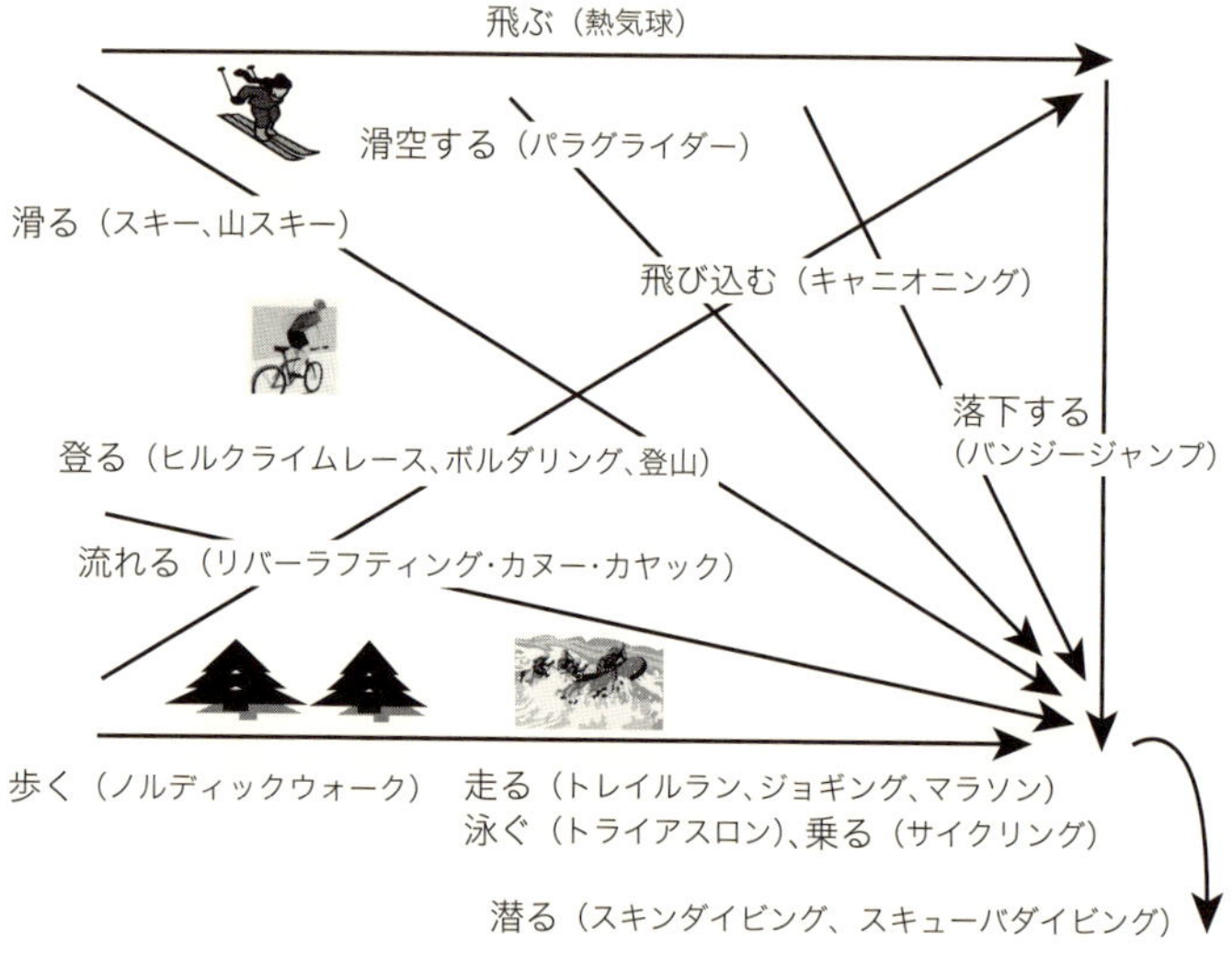

図表 2･2　陸上と海上における高低差を利用した豊富なスポーツ資源

「苦しい」といったネガティブなニュアンスがともなうが、競技振興を考えた場合、むしろ「克服」「成長」「訪問」「交流」「観光」といったスポーツ参加のポジティブな面を強調すべきという考え方もある。

実際、耐久性スポーツのイベントが増える背景には、「絶対不可能なスポーツ」から「楽しく奥が深いスポーツ」へという大きな意識転換があった。かつて、一般人には完走することさえ不可能だと思われていたマラソンだが、時間制限を7時間にすることで完走率を百％に近づけるなど、自己の限界に挑戦し、達成できる環境を整えたことも大幅な参加者増を生んだ要因の一つである。

トライアスロンの場合は、競技統括団体であるＪＴＵ（公益社団法人日本トライアスロン連合）の戦略的取り組みも功を奏した。ウェブを使った大会申し込みの簡便化、廉価なスターターキットの提供、競技人口の半数が在住する首都圏近郊の大会開催、トライアスロンショップの開拓、メーカーとの協力体制の構築、指導者や審判の養成とジュニア選手の発掘など、業界全体での競技環境の整備に取り組んだことも人気の拡大に結びついている。

かつての耐久性スポーツのイメージは大きく変化し、新しい意味が付与された現代的なスポーツジャンルに変化を遂げてきた。そこで本書では、新しい視点を持つ耐久性スポーツの総称として、「ニューエンデュアランススポーツ」（NES：New Endurance Sports）という概念を提唱したい。ニューエンデュアランススポーツ、すなわちＮＥＳには、以下に示すような六つの特徴がある。

手軽さ

ＮＥＳの多くが、個人で参加できるスポーツであるため、チームスポーツのように仲間を必要とせず、手軽に始めることができる。日常のトレーニングや練習も、テニスやバスケットボールのように仲間や施設を必要とせず、個人で手軽に実施することができる。年齢に関係なく、思い立った日から始めることができる「障壁の低さ」がある。

動機の多様性

「する」「見る」「訪れる」「挑戦する」「克服する」といったさまざまな要素を備えたスポーツであり、参加者の動機も多様である。また年齢に関係なく長期間継続するため、始める動機と続ける動機が異なることもある。

高機能化

NESは、自転車やスイムスーツ、そしてウェアやシューズなど、多様なスポーツ用品・用具が必要な「機材（ギア）スポーツ」である。近年の、素材の高機能化による軽量化と携行性の高まり、優れた透湿防水機能は、アウトドアスポーツ用品を、実用性や耐久性重視の「ヘビーデューティ」なものから、女性や高齢者にもフィットする「ライトデューティ」なものへと転化させた。さらにロードバイクに代表される自転車の高機能化は、最新のフレーム素材やパーツの知識も必要となり、流行に敏感なスポーツへと変化している。

ファッション化

プリント技術の向上により、ファッショナブルなアウトドア商品が流通しはじめ、「山ガール」や「アウトドア女子」という新しいジャンルを生みだした。デザイン性の高いアウトドア用品は汎用性が高く、旅行や野外フェスティバルなどでの防寒用にも用いられている。

日常生活化

通常、食事、睡眠、トレーニングなど、日常生活全体が、NESを志向したライススタイルへと変化する。消費者行動では、志向性が極限化した状態を「ファナティック消費」と呼ぶが、程度の差こそあれ、NES参加者のライフスタイルはストイックかつアクティブで、スポーツ競技の影響を大きく受けることになる。

環境志向

NESのフィールドは野外であり、常に自然環境と対峙する。それゆえ、アスリートの自然環境に対する意識は強い。この傾向が、活動に対する専門化（specialization）とともに高まる傾向にあることは、過去の研究からも明らかにされている。さらに、自転車などは人力のみで動くエコな乗り物であり、アスリートの環境に対する意識醸成にひと役買っている。

ニューエンデュアランススポーツとしてのトライアスロン

NESの中でも、近年人気が高まっているスポーツがトライアスロンである。2000年のシドニーから五輪種目になったことも影響し、現在日本全体で300近い大会が開催されている。前述の「2014世界トライアスロンシリーズ横浜大会」の調査によれば、サンプルの平均年齢は44・1歳（n＝388）で、男女比は87・6対12・4％であった。トライアスロンの競技開始年齢は38・2歳と、他のスポーツ

群馬県みなかみ町：アウトドアスポーツタウンとしての発展

2005年10月に、利根郡月夜野町・水上町・新治村が新設合併して誕生したみなかみ町は、人口約2万人の小さな自治体であるが、谷川岳や水上温泉など、雄大な自然や観光スポットを数多く有し、アウトドアスポーツが町の基幹産業となっている。とくに都心から90分の距離という立地の良さは、日帰り観光に適しており、入込観光客数の内、県内・県外の日帰り客が約75%を占めている。

ラフティング、キャニオニング、パラグライダー、カヌー、スノーシュー、バンジージャンプ等のアクティビティを提供する事業者32社は「一般社団法人アウトドア連合会」を組織している。その一方、高い技術力が求められるリバーラフティングでは、利根川流域を拠点とする13社が、「水上町ラフティング組合」を結成し、ラフティングの操船と案内を行うガイドにライセンスを付与し、安全管理の徹底に努めている。

2013年4月には、アクティビティごとに組織されている組合の運行規定などを参考に、関連する規則や規程などを整備する目的で「みなかみ町アウトドアスポーツ振興条例」が施行された。この条例の目的は、アウトドアスポーツの安全性を確保し、安心して楽しめる環境をつくるとともに、自然環境の保護及び保全にも配慮し、アウトドアスポーツの振興を図ろうとするもので、事業者は、「町長に対して事業者登録申請書を提出し、事業者の登録を行わなければならず」(第6条)、「事業者が町内において、単独で又は複数の事業者が連携して実施するイベントを行う場合は、事前に町長の承認を受けるものとする」(第8条)と定めている。

　みなかみ町では、また2011年に「みなかみデサントスポーツタウンプロジェクト」で、株式会社デサントが冠協賛する「デサント藤原湖マラソン」や、さまざまなアクティビティを体験する「デサントキッズスポーツ教室」などが開催されている。この試みは、アウトドアスポーツを通じた地方自治体と企業の「官民コラボレーション」であるが、自治体が期待する集客効果と地域ブランディング、そして企業が期待する社会貢献と企業ブランディングが、どのようなウィンウィンの関係を築けるか興味深い。

写真2·1　リバーラフティングは、自然資源を有効に活用したスポーツであり、都会から若者を呼び込む力を持つ

に比べると非常に遅く、過去に「水泳」「陸上」「バスケットボール」をやっていた人が多かった。[注2]
回答者の自由裁量所得は4万6千590円であり、同年代のサラリーマンの平均自由裁量所得が3万9千572円（「2014年サラリーマンの小遣い調査全国平均」新生フィナンシャル）に比べると多く、比較的金銭的に余裕のある社会人が参加している様子が分かった。
「トライアスロンをこれからも続けますか？」という質問に対しては、97・0％が「そう思う」と答え、「トライアスロンをいつまで続けられますか？」という質問については、60代と答えた人が37・2％、70代が27・0％、80代が13・8％であるなど、継続意欲は非常に強いことも判明した。また、競技同伴者数は平均2・0人で、全体の47・2％が誰かと一緒に参加している。
このようなトライスロン競技者の行動特性から見えてくるのは、年齢に関係なくスポーツを続けるエイジレス（脱年齢：Ageless）、年を重ねてもやめないコンティニュイティ（継続性：Continuity）、自分で限界を定めないノーリミット（無限界：No Limits）、そして誰かと一緒に参加するソーシャルビヘイビアー（社会行動：Social behavior）という四つの特性であり、ここから、トレーニングによって年齢と体力の限界を克服し、できるだけ長く、仲間とレースを楽しもうと考えているアクティブで健康的な中高年トライアスリーターの姿が浮かび上がる。

第3章　オリンピックと都市

1　オリンピックと都市の関係

オリンピックと都市の関係に触れる前に、まず都市とスポーツの深い関係が生まれた古代都市の事例を概観してみよう。そこには、現代都市との共通点が多く見出だされる。

古代都市とスポーツの深い関係

都市とスポーツの関係は古く、その起源はローマ時代にまでさかのぼる。当時、都市を統治する支配層は、摸擬戦や戦車競技などのスポーツイベントを、都市経営の触媒として活用してきた。大観衆が集うコロセウム（円形闘技場）は、皇帝の威光を示す場であり、娯楽としてのスポーツと政治的対話の場を市民に提供する役割を果たした。26万人を収容する「キルクス・マクシムス」と呼ばれる超巨大スタジアムが建設され、民衆のために戦車競技のイベントが定期的に実施された。[注1]現在でも、これほどの収容力を誇るスタジアムは世界に存在しない。この当時のスポーツイベントは、皇帝と民衆に、両者のコミュニケーションの場を提供するという役割を担っていたのである。

古代ローマの都市にはまた、ヤマザキマリの漫画『テルマエ・ロマエ』（ローマの浴場という意味）で知られるようになった「テルマエ」が存在した。これは都市の公衆浴場であるが、中には、体育を学ぶための学校である「パレイストラ」や屋外プール、そしてボールゲームを楽しむための「スパエリテリウム」と呼ばれる部屋もあり、現代のレクリエーションセンター的な機能を持っていた。[注2] これは現代の都市にある浴場を備えたスパリゾートであり、身体の鍛錬を行うフットネスクラブでもある。ここに我々は、現代の都市に不可欠なボールパーク（野球場）やスタジアム、そしてフィットネスクラブやスパリゾートの原型を見ることができる。[注3]

しかし都市とスポーツの関係は、その後中世という暗黒時代に一度リセットされる。ローマ帝国崩壊後、6世紀から12世紀のヨーロッパに秩序をもたらしたキリスト教は、ローマ的な享楽的生活を否定し、理想とされた修道僧的生活は、都市とスポーツの関係を一時的に中断した。その後、ルネッサンス期から産業革命期という長い時間をへて、ようやく19世紀のヨーロッパにおいて「近代スポーツ」が開花することになる。

近代スポーツは、イギリスの植民地政策とともに世界に伝播していった。現代の都市におけるスポーツも、ローマ時代と共通点が多く、スタジアムは都市のランドマークとして、そして都市住民に健全な娯楽と社交の場を与える機能を果たしている。ただし、そこにはローマ皇帝は存在せず、凄惨な剣闘士の戦いもない。現代のコロッセオ（スタジアム）で展開されるのは、スラッガー（野球の4番バッター）やフットボーラー（サッカー、ラグビー、アメフットの選手）が行う、都市や地域の誇りをかけた戦いである。さらに現代のスポーツイベントには、民衆への娯楽提供だけでなく、地域経済の活性化や地域モラール（志気）の向上といった多様な機能が付加されている。現代社会において、そのような機能を最大限に発揮しているのが、世界最大のスポーツイベントであるオリンピックである。

オリンピックとは何か？

オリンピックは、世界でもっとも認知度が高いスポーツイベントである。赤、白、緑、黒、黄色の五つの輪が重なる五輪マークは、ベンツ（スリーポインテッドアロー）や赤十字（レッドクロス）を凌ぐ、世界で94％の認知度を誇る最強のロゴマークである。[注4] 大会の規模も巨大で、他のスポーツイベントの追随を許さない。大会自体は、夏と冬の大会がそれぞれ4年に一度開かれるだけであるが、IOCは、11のTOPパートナー、205のNOC（国内競技団体）、32のIF（国際競技連盟）、六つのOCOG（オリンピック開催予定都市の組織委員会）、OCOGのスポンサー、開催国政府、選手、世界アンチドーピング機構（WADA）、CAS（国際スポーツ仲裁機構）、IFの統括団体（スポーツアコード）、国内オリンピック委員会連合（ANOC）、大陸別競技大会などのステークホルダーとともに、オリンピックブランドという価値を共創する関係にある。

IOCは、オリンピックムーブメントを世界に浸透させるためのマーケティングを実施するが、その特徴は2点に集約される。すなわち、上記のステークホルダーズのネットワークの関係性を最大限に活用することと、IOC憲章が「オリンピズムの目標は、スポーツを、人間の調和のとれた発達に役立てることであり、その目的は、人間の尊厳保持に重きを置く平和な社会を推進することにある」と定めるように、そのターゲットを、地球に住むすべての人々としている点にある。

筆者は、拙著『スポーツイベントの経済学』のなかで、唯一無比のスポーツイベントに成長したオリンピックを以下のように評した。

世界最大のスポーツイベントであるオリンピックは、これまで多くの識者によって評価され、研究の対象になってきた。スポーツのアマチュアイズムが優勢であった時代の論調は、クーベルタンが掲げた崇高な理想が、国家主義と政治によって屈折させられ、やがてメディア企業と商業主義によって浸食されていくという悲観的なものであった。しかしながら、クーベルタンが掲げた理想と、商業化された現代オリンピックの間に広がるギャップは、決して退廃や退化などを意味するものではなく、適者生存の戦いに勝ち残ったイベントがたどった〈著しい進化の過程〉に他ならない。世界から集める注目や企業が支払う膨大な協賛金、そしてテレビ局から得る高額の放送権料は、他の類似イベントとの生存をかけた長く熾烈な戦いの中で勝ち取った、オリンピック大会だけに許される特権なのである。[注5]

今でこそ世界最大のスポーツイベントの地位を築いたオリンピックであるが、進化の過程は決して順調ではなかった。70年代から80年代にかけて、都市に過剰な負担をかける国家事業としてのオリンピックは、一時期存続の危機を迎えたのである。以下では、オリンピックと都市の深い関係を解き明かすために、戦後のオリンピックを順に俯瞰し、過去の開催都市から何を学ぶべきかを提言してみたい。

戦後のオリンピックと都市

戦後のオリンピックは、戦後復興の真っただ中にあった1948年の第14回ロンドン大会から始まった。戦後の傷跡が多く残る都市での大会で、新しく建設された競技施設はなく、すでにあったサッカー場やアリーナが改修され使用された。男子選手は軍隊のキャンプ地の宿舎を、女子選手は、ロンドン市内の三つの大学宿舎を使用した。五輪史上初めて室内のプールが使われ、短距離走ではスターティングブロックが使用されるなどのイノベーション（革新）はあったものの、敗戦国の日本とドイツは招待されず、ソ連も参加しない片肺飛行の大会であった。

１９５２年の第15回ヘルシンキ大会は、複数の新しいスポーツ施設と、後に住宅として利用された選手村が建設されるなど、スポーツと都市開発の間に明確な接点の生まれた大会であった。１９５６年の第16回メルボルン大会は、戦争の影響をあまり受けなかった豪州で行われ、複数の新しいスポーツ施設とイベント後に住宅に転用された選手村が建設されたが、オリンピック公園内の施設で現在も使われているのは、サッカー、ホッケー、陸上競技だけで、自転車競技場（ベロドローム）やスイミング・スタジアムは、地域スポーツ施設として十分に活用されなかった。またハイデルベルグとして知られた選手村も、イベント後ギリシア、イタリア、マルタからの新しい移民用公共住宅に転用されたが、犯罪や人種問題等、多くの社会的問題を生みだした。当時オリンピックは、都市の再開発（リ・ジェネレーション）ではなく、都市の荒廃（ディ・ジェネレーション）を招いたとの批判も噴出した。

オリンピックと都市開発

オリンピックを契機とする本格的な都市開発が付随する最初の大会となったのが、１９６０年の第17

回ローマ大会である。オリンピック・ストリートの整備、近代的市営水道システムや空港の整備、そして都市景観や都市環境の改善が行われるなど、都市開発の域を超えた国家的なプロジェクトとして多くの都市施設が整備された。建築家の白井宏昌によれば、この大会を契機に、オリンピックは「スポーツの祭典」から「都市の祭典」に変貌することになる。すなわち会場の計画が、個々の施設の「建築」から、競技施設、大規模なアスリートビレッジ（選手村）、そしてイベント会場を集約した、ある一定の広がりを持つ「地区」の計画へと変化を遂げた。ローマ大会では、複数のオリンピック地区を戦略的に配置し、それらを結び付けるインフラを整備することで、オリンピックによる都市再編の影響を都市全域にまで広げたのである。白井は、この大会をもって、初めて「オリンピック都市」が誕生したと指摘している。[注6]

国家事業としての東京オリンピック

１９６４年の第18回東京大会は、発展途上国の大会であった。当時の日本の家電普及率を見ると、60年代前半に急速に普及した白黒テレビだけは９割を超えたが、電気洗濯機は６割、電気冷蔵庫が４割、そしてルームエアコンにいたっては１割に満たない程度であった。オリンピック開催を契機に、欧米先進国に「追いつけ追い越せ」のムードが高まる中、生活インフラの整備や都市開発にも拍車がかかる社会的気運が醸成された時代でもあった。

その結果、ローマ大会を上回る規模で都市再編が実行に移され、後世に残る国家インフラが財産として残された。当時、戦後の総決算と欧米先進諸国に比肩しうる社会基盤づくりは、当時の国民に支持された国家プロジェクトでもあった。そのため、大会運営費（百億円）や選手強化費用（21億円）といった大会開催にかかる直接費に加え、東海道新幹線建設費（3千8百億円）、オリンピック道路建設費（1千840億円）、地下鉄建設費（2千330億円）、上下水道ゴミ焼却施設や隅田川浄化施設、そして東京国際空港やホテル、旅館などの建設費が間接費として投入され、その総額は約1兆円という額になった。

さらに今の代々木公園にあった米軍家族住宅地区のワシントンハイツが調布に移転し、その跡地が返還されてオリンピックの選手村として利用されるなど、首都東京が機能的にも政治的にも大きな変革を遂げる契機となった。東京オリンピック大会は、極東の一都市であった東京を経済的に活性化したのみならず、世界に向けて「経済大国」や「技術大国」という日本の新しいイメージを発信したマイルストーン(画期的な出来事)とも呼べる国際イベントであった。それまで粗悪品の代名詞であった「メイド・イン・ジャパン」の商品イメージが、高品質で耐久性があるポジティブなイメージに変化した背景には、この大会の存在があった。[注7]

1964年の東京オリンピックは、当時の国運を賭けた一大イベントであったが、かといってその成功が全国の自治体を刺激し、スポーツイベントの誘致が全国に広がっていったというわけではなかった。アマチュアイズムが支配的であった当時の国際競技大会は、メディアとスポーツの結びつきが弱く、エンターテイメント商品としての魅力も十分に開発されておらず、むしろ開催自治体の出費がかさむだけの事業と考えられていた。巨大スポーツイベントの誘致と地域活性化というテーマが一つの器の中で溶け合い、行政施策として表舞台に姿を見せるには、それから20年以上の年月が必要であった。

2　国家主導型オリンピックの限界

1964年東京大会以降のオリンピックも、都市再編という五輪の効用を最大限に活かすべく計画を肥大化させていった。しかしながら、アマチュアイズムが支配したスポーツの祭典は、その後、開催国の政治的不安が引き起こした惨劇、大会期間中の選手村で起きたテロ事件、身の丈以上の計画による過剰投資が生んだ巨額負債、そして東西冷戦の世界秩序が引き起こした参加ボイコットなどの問題に翻弄されることになる。

1968年のメキシコシティ大会では、開会式の直前に、自由と民主化を目指す学生運動が大規模デモを行い、過剰に反応したメキシコ政府が軍隊や治安警察を導入し、武力での鎮圧を試みた結果、数百名の学生が射殺されるという凄惨な流血事件を引き起こした。「トラテロルコの虐殺」と呼ばれる惨劇は、オリンピックとは直接関係のない学生運動がきっかけであったが、社会に潜む不満が開会式阻止に向かい、それが政府の過剰反応に結びついたという点で、開催国の社会的安定の重要性が問われる大会となった。同大会では、経済の低迷のため既存の施設・設備が百%利用されたが、そのために競技施設が国内に分散し、公共の交通システムが最大限に利用されることになった。

1972年のミュンヘン大会では、11人のイスラエル選手がテロ事件に巻き込まれて命を落とすという政治的悲劇を生んだが、大会の計画では、ミュンヘン市郊外に広がる280ヘクタールの未利用の土地が五輪のために開発された。当時1万人を収容した選手村は、現在では住宅に転用され、多くの人々が住むにぎわいのあるコミュニティに育っている。歴史的な町並みが復興され、公共交通網の改善、地下駐車場の整備、ホテル一体型のショッピングセンター、そして全長145キロにおよぶ3本の新鉄道の建設など、大規模な都市開発が付随した大会となった。

1976年の第20回モントリオール大会は、収支という面で、戦後のオリンピックに汚点を残した大会となった。当時のIOCは、モスクワやロサンゼルスのような大都市ではなく、規模の小さい都市でも十分に五輪が開けることを証明するために、あえてモントリオールを開催都市に選んだ。しかしこれが裏目に出たのである。20キロにわたる地下鉄の延長、新空港の建設、道路の整備、ホテルの建設という大がかりな都市改造が行われたが、世界的な不況とインフレ、地元の反対運動、施設建設上の技術的問題、労働争議による工事の遅れなどによって、最終的に約5億ドルの負債を抱えることになった。さらに開会式の16日前には、中国と台湾をめぐる国家認知の問題や、人種政策で参加を認められなかった南アフリカを支持するニュージーランドの参加問題などで混乱し、大会自体の中止が検討されるほど事態が悪化した。

都市開発においては、フランス人建築家ロバート・テイリバートによる象徴的なオリンピック・パークが、「フレンチ・カナダ」のアピールの場となるはずだったが、オリンピック・スタジアムは大会までに完成せず、結果として、その後30年にも及ぶ借金返済という大きな負の遺産を背負った。オリンピック都市の「野望」が「苦悩」へと変容した事例であり、モントリオール大会は、オリンピック開催に潜む財政的な「リスク」を世界に知らしめる大会となった。

五輪をめぐる政治的問題は、１９８０年の第22回モスクワ大会でピークを迎える。ソ連のアフガニスタン侵攻に抗議するアメリカ合衆国を筆頭とする西側自由主義諸国のボイコットにより、オリンピックは片肺飛行の大会となった。ただし、大会運営に関するソ連のコスト意識は高く、豪華な施設や無価値なモニュメントの建設を避けるなど、無駄を省いた実質的な大会となった。それでも空港ターミナルの建設、テレビ・ラジオ放送局の設置、オリンピックコミュニケーションセンタービルの建設、プレス・エージェンシービルの建設、そしてホテルの建設に加え、12カ所のスポーツ施設の建設と13カ所の既存施設の改築が行われるなど、都市開発の触媒としての役割を果たした。

ボイコットの問題は、モスクワの次の開催地選びにも影響を及ぼした。東側諸国がモスクワ大会の報復処置として、次の１９８４年大会をボイコットする可能性が高い中、オリンピックの開催に前向きな都市はなかった。事実、１９８４年の第23回大会に手を挙げたのは、米国のロサンゼルスだけという不人気ぶりで、本来ならば、ここで五輪は役割を終え、終焉を迎える可能性もあった。

民活方式によるオリンピックの救済

このような危機的状況を救ったのが、スポーツが持つ商品価値をマーケティングの視点から開発し、それを権利として企業に販売する「スポーツビジネス」の仕組みであった。組織委員長のピータ・ユベロスは、アメリカ政府からの資金的援助がまったく期待できない中、ホルスト・ダスラーと組むことによって、オリンピックの資産価値を顕在化させ、1業種1社という排他的独占権を企業に与えることによって高額の協賛金を調達することに成功した。その一方、新しい施設を建設することなく、既存施設を最大活用することによって、開催費用を低く抑え、初の民活五輪を成功に導いた。**図表3・1**を見れば、10億ドルの費用で開催したロサンゼルス五輪が、その後の五輪に比べ、いかに省コストの大会であったかが分かる。

　1984年以降の五輪は、従来の国家事業としての大会に、民活五輪の方式を導入し、収支面で黒字化が期待できる優良イベントに姿を変えていった。その恩恵を被ったのが1988年の第24回ソウル大会であり、都市再編が全面に出た国家プロジェクトに、民活五輪

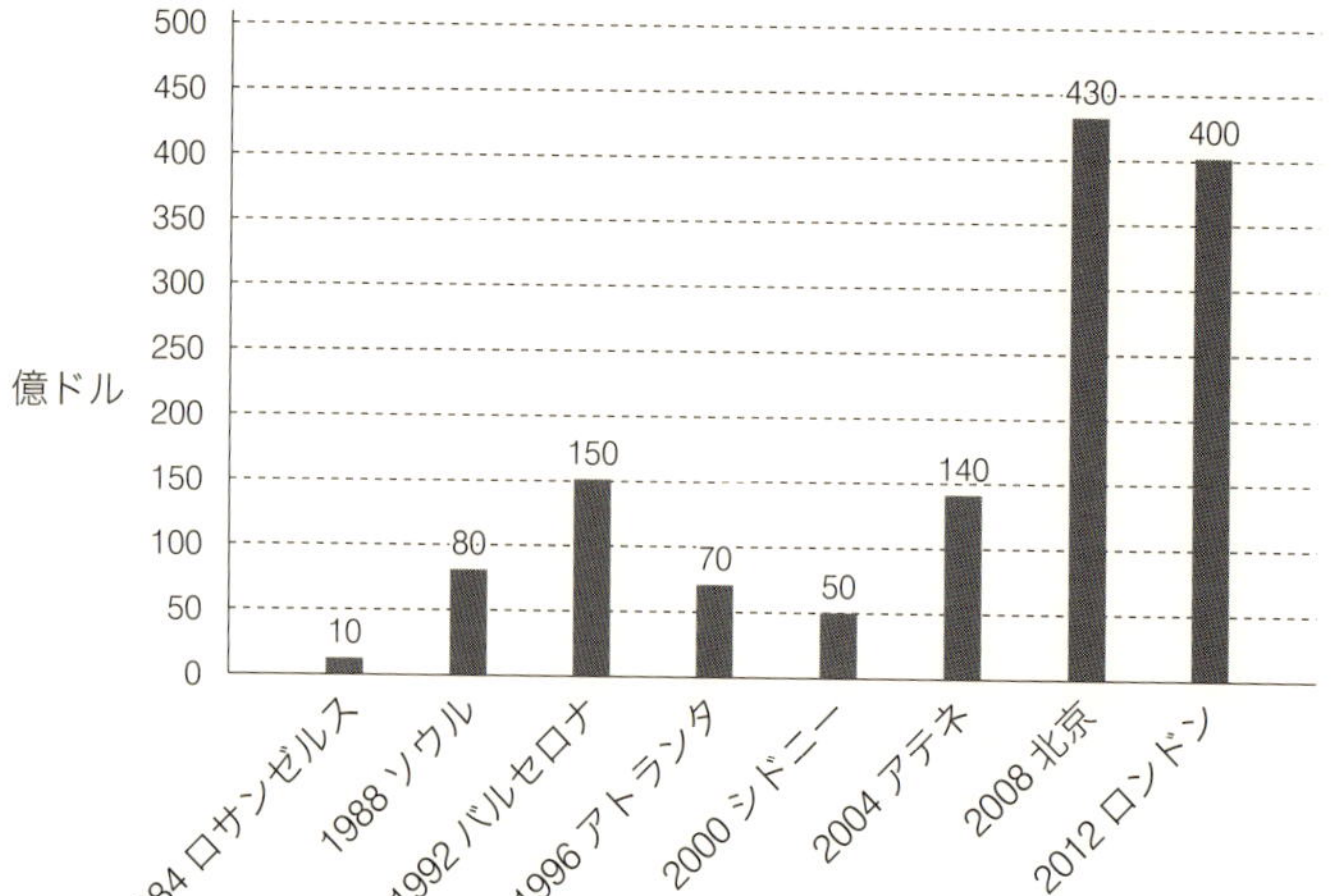

図表3・1　夏季五輪の開催費用

注：フォーチュン誌、2012年6月11月号より引用。フォーチュン誌の開催費用の計算には、開催国が公表した数字に加え、レガシーやインフラ投資、そして民間費用が追加されている。

の長所が組み込まれた初のオリンピックとなった。

都市の健康と衛生基準の改善という大きな目標に向けて、大気汚染、水質汚濁、廃棄物処理問題の解消、交通渋滞を緩和するための地下鉄整備、路線バスの延長、国際空港の拡大、オリンピックの文化的側面を強調するためのソウル芸術センター、国際現代美術館、チョンユウ美術館の建設等の観光インフラの整備とともに、国際クラシック音楽協会の設立、そして歴史的芸術作品の改修が行われた。他にオリンピック村（3千692室）とスタジアムなどのスポーツ施設が建設されるなど、大規模な都市開発によって、都市環境が大きく改善された。さらに不動産経済が強い牽引作用を発揮し、インフラ整備によって都市のイメージとブランド力が向上し、とくに文化面において観光産業の発展が推進されるなどの効果があった。

3 オリンピックと都市の持続的成長

バルセロナモデル：都市の持続的成長

1992年の第25回バルセロナ大会は、都市再編の触媒としてのオリンピックの役割がより明確に打ち出された大会となった。バルセロナは、「地中海に開かれた都市」というビジョンのもとで、長期間の都市再生事業に取り組んできたが、オリンピックによって都市開発が加速化し、沿岸道路の建設、鉄道網と港湾（オリンピックハーバー）の改良、下水システムの改善、海岸線の再開発、通信システムの向上など、オリンピックを契機とした公共事業が一気に進んだ。スポーツ施設は、15の新しい施設の建設と10施設の改装、そして43の既存施設の利用が行われ、五輪後のスポーツイベントの誘致を可能にした。

後年、「バルセロナモデル」として知名度が高まる都市再生事業は大成功を収め、オリンピック後は、会場だった湾岸部が高級住宅街となり、お洒落なレストランが立ち並ぶ観光スポットに変貌するなど、多くの観光客が訪れるヨーロッパ有数の都市に変貌した。中世時代の暗い雰囲気が漂う街は、世界的な観光都市に生まれ変わり、その結果、1990年にわずか82万人だった外国人観光客は、五輪後の1995年には114万人、2005年には、350万人、そして2012年には546万人へと急増し、GDPを押し上げる要因となった。

この当時、「オリンピックレガシー」という明確な概念は存在しなかったが、オリンピックで残された「遺産」を、固定化された施設やインフラではなく、動的で常に進化する「精神」と捉え、プロスポーツ（FCバルセロナ）やスポーツイベントを都市のアイデンティティに加え、アントニオ・ガウディの作品群に代表される文化資産のブランド化や、テクノロジーの導入による都市イノベーションを継続的に実施することによって、世界的に知名度の高い観光文化都市へと変身した。

英国放送（BBC）の記者であったデビッド・ボンドは、バルセロナが持続的なレガシーを具現化した最初のオリンピック大会であったと指摘するとともに、2012年のロンドン大会招致にあたり、当時のリビングストン市長は、バルセロナをロールモデルとして、テームズ川にバルセロナをつくることを目指したことを自身のブログで述べている。注8

民活五輪の功罪

１９９６年のアトランタ大会は、オリンピックレガシーという概念が、開催概要計画の中に具体的に組み込まれた初の大会になったが、政府が関与しない民活五輪の脆弱さが露呈した大会となった。同大会の計画では、施設の後利用が重視され、大会後のメイン競技会場の野球場（ボールパーク）への改装はもとより、ほとんどの競技会場がコミュニティスポーツ施設へと転用されるなど、公共と民間のパートナーシップ事業として注目された大会運営方法を採用した。この大会から、レガシーという言葉が頻繁に用いられるようになった。

アトランタ市の支出を最低限に押え、ホテルの新築もゼロという具合に行政主導の大規模都市開発とは無縁のオリンピックであったが、オリンピック開催をきっかけにオフィス、倉庫、アパート等のリフォーム市場が活性化し、なかば遺棄されていた建物が民間資本によって次々に改修、再利用されるなど、民主導による都市再生事業は進展した。

しかしながら、オリンピック大会としては機能不全に陥った部分も多く、民営化政府（privatized government）として運営された組織委員会（ＡＣＯＧ）は、住民にとって無責任（unaccountable）な組織であったという非難が残された。問題点としては、極限化した商業主義、交通渋滞の問題、そして爆弾騒ぎに代表されるセキュリティ不全の三つに集約され、ＩＯＣの不興を買った大会となった。この大会の直後、過度の民営化に懲りたＩＯＣは、政府の全面的支援のない都市がオリンピックを開くことは不可能であるという見解を示し、その後、アメリカから五輪大会が遠ざかる遠因となった。

オリンピックレガシーの時代

2000年の第27回シドニー大会は、閉会式で、当時のサマランチIOC会長が五輪史上最高の大会と評したように、国中を熱狂の渦に巻き込んだ大会となった。大会前は、公共交通機関の不備や混雑、そして天候など多くの問題が予想されていたが、大きな混乱もなく、20日連続の晴天に恵まれるなど、自然条件も味方につけた大会となった。

シドニー大会の最大の特徴は、環境に配慮したグリーンオリンピックの実践と、高度に訓練された4万7千人のボランティアの活躍であった。環境への配慮は都市イメージを向上し、誠実で友好的なボランティアの活躍はオーストラリア人全体の印象を高めた。メイン会場は、シドニー郊外にある産業廃棄物や荒れ地が残るホームブッシュに建設され、アクセス用の支線と駅が新たに建設されたが、大会後のメインスタジアムやプール、そしてテニスセンターなどを含む施設の利活用等、オリンピックレガシーをどう起動させるかに関心が寄せられた。

2000年以降、メイン会場は「シドニーオリンピックパーク・オーソリティ」と呼ばれる非営利組織によって運営され、ラグビーユニオンやラグビーリーグ、そしてオーストラリアン・フットボールやテニスなどのスポーツイベントに加え、多くの文化イベントが開催されており、その数は年間5千にも及ぶ。またコモンウェルス銀行をはじめとする複数企業の本社移転や、五つ星のプルマンホテルの建設などが行われ、メイン会場はその姿を大きく変えた。

シドニー大会が残したレガシーは、オリンピック公園に残されたスポーツ施設の有機的活用にとどまらず、「知識・情報レガシー」や「人的資源・ネットワーク・レガシー」の分野において顕著である。[注9] すなわち、シドニー五輪大会で培われた専門知識や経験、そして人的なネットワークは、オーストラリア人が五輪後のメガ・スポーツイベントの招致、計画、実行などに関わる機会を一気に増やした。

たとえば、2006年にカタールのドーハで開かれたアジア競技大会が、オーストラリアのGHD(Gutteridge Haskins & Davey)というエンジニアリング&プロジェクト・マネジメント会社によって運営されたことはよく知られている。GHDは、開会式や閉会式、宿泊、セキュリティ、交通などを含む78のプログラムに関する契約を結び、25名のオーストラリア人がフルタイムで働いたのである。2003年にマスタープランが完成した後は、GHDの現地子会社がメインスタジアムを建設し、さらに開会式のプロデューサーに、シドニー大会の開会式ディレクターのデビッド・アトキンスが指名された。まさにシドニー五輪の持続的なレガシーがドーハで開花したのである。[注10]

アテネの苦悩

オリンピック発祥の地であるギリシアで行われた2004年の第28回アテネ大会は、大規模な都市開発がともなう国家主導型の大会となった。五輪開催に合わせ、国際空港や地下鉄、そして高速道路の建設などのインフラ整備に巨額の資金が投じられたが、これがギリシアの財政悪化を招く要因の一つになったことはよく知られている。すなわち、通貨ユーロ導入に向けて財政赤字の削減に取り組んでいたギリシアは、オリンピックをきっかけに再び財政拡張に舵を切った。そしてユーロ圏に仲間入りしたことで財政資金の調達が容易になり、インフラ整備のために借金を重ねていったのである。

オリンピックの開催費用は、当初予算の89・5億ユーロ（約1兆円）に膨れ上がったが、この中には、イラク戦争などの影響で危険性が高まったテロ対策を含むセキュリティ費用が含まれる。パトリオットミサイルまで配備したテロ対策費用は、総額で約10億ユーロ（約1千3百億円）を上回り、開催費用を圧迫し、計画にもたびたび変更が加えられた。

実際、計画は大きく遅れ、直前まで開催が危ぶまれたが、大会自体に大きな混乱はなく、IOCのジャック・ロゲ会長（当時）は「忘れられない、夢の五輪になった」と賛辞を贈った。しかしながら、開催までの施設整備の遅れとずさんな予算管理は、大会後の施設利用計画にも悪影響を与え、新しく建設されたスポーツ施設の多くが荒れ放題のまま放置されるという問題を引き起こしている。大会翌年の2005年には、施設を管理する国営企業により、競技施設などの運営、管理の民間企業への委託や、エーゲ海沿いのファリロン会場でのゴルフ場やテーマパークなどの複合施設の建設、そして国際放送センターの博物館への転用などの方針が示されたが、五輪後の財政悪化によりこれらの計画も頓挫した。アテネが残した教訓は、施設の後利用計画の重要性と、7年という開催準備期間における、経済状況を見据えた柔軟な計画修正の必要性である。

しかしながら、巨額の資金を投じて建設された最新鋭の空港や地下鉄などの都市インフラは、大会後長い期間をへてインバウンド観光にプラスの影響を及ぼし始めている。ギリシアの観光産業は、国内総生産（GDP）の約15％を占め、全雇用の20％を生みだす経済の生命線である。大会翌年の2005年に1千452万人だったギリシアへの外国人旅行者は、2014年に過去最高の1千850万人に増加するなど、長い目で見て、空港や地下鉄などの交通インフラの充実が、外国人観光客の増加というオリンピックレガシーを実現したと考えることができる。

社会主義国のオリンピック

2008年の第29回北京大会は、1980年のモスクワ大会以来、久しぶりに社会主義国で開催される大会となった。スイスのヘルツォーク&ド・ムーロンが設計したメインスタジアム（鳥の巣）や、オーストラリアのPTWアーキテクツが設計したプール（水・宮）は外国人のデザインであり、中国はそのアイデアを施工図にして建物をつくる仕事を担った。ちなみに1964年東京大会の時は、丹下健三や芦原義信といった日本人建築家が体育館やプールの設計を行っている。

大会運営には、無償のスポーツボランティアや街角の安全を守る「首都治安志願者」の他、多くの公安や武装警官が動員されて街中に配備されるなど、大会に関わる関係者が目につく大会であった。規制を受けて車が通れない道路や、立ち入り禁止区域の拡大、そして店の夜間営業の規制等、北京市内においても、祝祭的な雰囲気が生まれにくく、海外観光客の消費活動が活性化する要因も少なかった。

大会前は、大気汚染やチベット問題で揺れた北京五輪であったが、開幕後は大きな混乱もなく、競技日程を無事終了した。しかしながら、人権問題がくすぶり、堅固なセキュリティ体制が目立つ北京に来る外国人観光客の数は予想を下回り、ホテルの稼働率も低調であった。また大会中は、北京を離れる富裕層も多く、交通規制とあいまって、日常の経済活動は低下した。その一方、チケットの国内売上は好調で、ほとんどの競技会場が多くの中国人で埋まった。

北京五輪の状況は、メガ・スポーツイベントを、発展途上国から先進国への飛躍の足掛かりにしようとした１９６４年東京五輪や１９８８年ソウル五輪と状況と似ており、五輪開催前から景気の拡大や、株価・通貨の上昇を経験している。当時の日本では、実質ＧＤＰは年平均プラス９・７％成長、そして韓国の実質ＧＤＰは同プラス９・８％成長を記録したが、北京五輪の場合も、年平均プラス０・３％からプラス０・４％のＧＤＰ押し上げ効果があった。[注11]

4 Ｌシティ：ロンドンの挑戦

これまで五輪大会は、そのときどきの時代を反映する特徴を有していた。たとえば、１９８４年のロサンゼルス大会は史上初の商業五輪（コマーシャルオリンピック）と呼ばれ、２０００年のシドニー大会は史上初の環境五輪（グリーンオリンピック）という特徴をアピールした大会となった。そこで２０１２年のロンドン大会であるが、この大会の特徴は以下の2点に集約される。それが「デジタル・ゲームズ」と「オリンピックレガシー」である。表題のＬシティは、レガシー（Legacy）の頭文字を意味する。

もっとも世界と繋がった大会：デジタル・ゲームズ

オリンピックにおいてラジオ放送が初めて実施されたのは、1924年のパリ大会であった。その時以来、メディアの役割はますます重要になった。1936年のベルリン大会では、選手村向けに初のテレビ放映が行われ、1964年の東京大会では、初の衛星放送によって開会式のカラー映像が米国で放送されるとともに、競技成績の管理にコンピューターが使用された初の大会となった。

1984年のロサンゼルス大会では初めて電子メールが使われ、1996年のアトランタ大会では、ウェブサイトに1億8千9百万のアクセスがあるなど、オリンピックの情報を伝達するメディア媒体が、テレビやラジオのような「電波媒体」から、ツイッターやフェイスブック等の「ネット媒体」へとシフトし始めた。

2012年ロンドン大会では、オリンピックとパラリンピックをあわせて合計46の競技が行われ、1万4千7百人の選手が参加し、850個のメダルが授与された。また世界から2万7千5百人のメディア関係者が集まり、多くのニュースが世界に配信されたが、この五輪の最大の特徴は、ツイッターやフェイスブックなどのSNS（ソーシャルネットワーキングサービス）が最大限活用された「もっとも世界と繋がった大会（Most Connected Games）」になったという点にある。

フェイスブックにおいては、ピーク時は4千9百万人が利用し、最大で186万の「いいね」が記録され、その43％が24歳以下の若者であった。ツイッターに関しては、190万人のフォロワーが、大会期間中に1億5千万のツィート（つぶやき）を行ったが、1日あたりのツィート数は、2008年北京大会の全期間中のツィート数を上回ったと言われている。電子メールについても17日間に、8千3百万通のメールが2百カ国に送られ、1千3百万人が開封し、5百万のリンクがクリックされるなど、いずれも過去最高の数字となった。

SNSのためのインフラも十分に整備され、大会期間中、1秒間に6・7GB（ギガバイト）の情報が伝達され、3千枚の写真が送られる「デジタル・ゲームズ」になった。これらの情報通信を可能にするために、オリンピック公園には世界でもっとも高密度なワイヤレス空間がつくられ、通信機器などが二つの周波数帯域での通信に対応できるデュアルバンド・ワイヤレス・アクセスポイントが850カ所設置された。ここでは、1秒間に3百メガビット（Mbps）の高速伝送が実現するなど、オリンピックにおける観戦経験が、ネットでつながる広大なネットワークの中でシェアされ、臨場感あふれる情報が瞬時に世界へ拡散した。

オリンピックレガシーを牽引するLLDC

2012年ロンドン大会の特徴は、貧困地域である市東部の再開発と密接に関わっていた点にあり、テームズ川下流の「持続的変化の触媒」（catalyst for lasting change）という役割を与えられていた。招致活動の段階においても、当時のIOCの最大関心事であった「オリンピックレガシー」を強調し、〈オリンピックの開催〉よりも〈オリンピック後の都市の持続的成長〉に焦点を当てた建築・都市計画を組み込んだ点が、ニューヨークやパリに勝った要因の一つとなった。[注12]

その意味からもこの大会は、ジャック・ロゲ前ＩＯＣ会長の強い意向でＩＯＣ憲章の中に盛り込まれた「開催都市と開催国にオリンピックによる積極的なレガシーを促進すること」が具現化する最初の大会となった。実際ロンドン市は、大会後の施設運営を行う「ロンドンレガシー開発公社」（LLDC：London Legacy Development Corporation）を五輪開催前の２０１２年４月に立ち上げ、オリンピックレガシーの実現に向けて早々と動き出した。[注13] 五輪開催の翌年には、オリンピックで使用された公園内の８施設のうち、３施設は解体あるいは移設され、残り五つの施設は国際スポーツイベントや日常的なスポーツ活動の場として改修された。英国で人気がないバスケットボールの仮設会場は、すぐに解体・撤去されたが、これも施設の有効活用という点から見れば合理的な判断である。

ＬＬＤＣは、現在五輪会場であったロンドンの東地区に新しく生まれた「クイーン・エリザベス・オリンピックパーク」の運営を行っている。公園は、トラックの自転車競技が行われたベロドロームなどがあるノース・パークと、メインスタジアムや水泳のアクアティックセンターがあるサウス・パークに分けられ、各所でオリンピックレガシーに魂を吹き込む作業が進められている。

メインスタジアムはすでに英国プレミアリーグに所属するウェストハムのホームになることが決まっており、陸上競技場からフットボールスタジアムへの改修が行われた。自転車競技会場（ベロパークに名称変更）やカヌースラロームで使われたホワイトウォーターセンター、そしてホッケー・テニスセンターは、リーバレー地方公園管理局に移管されたが、２０１５年４月には、リーバレー・レジャートラストが設立され、民間的な手法を導入した運営を行う準備が整った。

余談ながら、1970年代後半の英国病から脱出するために、当時のサッチャー首相が先導した民営化政策以来、英国では、官から民への経営権の委譲が盛んに行われてきた。2006年に始まった日本の「指定管理者制度」の原型となったCCT（Compulsory Competitive Tendering：強制競争入札）などの革新的な制度が、世界に先駆けて1988年に導入されている。CCTは公共施設の民営化（コントラクトアウト）を目的としたが、結果として官民の軋轢を生み、採算性のない施設の切り捨て等の問題もあって2000年には廃止された。しかしながら、CCTを通じて培養された新公共経営（New Public Management）やPPP（Public-Private Partnership：官民パートナーシップ）の思想はその後も培われ、加えてスポーツ施設の新しい運営母体として税制面での優遇措置が受けられる法整備も進み、前述した補助金を必要としない非営利会社としての「レジャートラスト」（Leisure Trust）や「社会的企業」（Charitable Social Enterprise）が誕生する原動力となった。2012年ロンドン大会で使用された施設の多くは、これらの非営利企業によって運営されているが、その背景には、民営化政策を先導し実績を重ねてきた英国の歴史がある。

5　2020年東京大会は何を残せるか？

戦後2回目の大会

1964年に開催された東京オリンピックは、参加国・地域数93、参加人数5千133人、20競技1

63種目という、現在のオリンピックに比べるとすべてが約半分の規模であった。規模的には今のオリンピックには遠く及ばないものの、当時の日本に与えた影響は計りしれないほど大きく、この大会を分水嶺として、戦後復興を目指した日本は、高度経済成長という新しい波に乗り、世界有数の経済大国へと成長を遂げていく。

戦後、同じ都市で夏季五輪を2回開催するのは、ロンドン（1948年と2012年）と東京（1964年と2020年）の2都市だけである。しかしロンドンの場合、1948年大会は参加国も59と少なく、敗戦国の日本やドイツは招待されないという片肺飛行の大会であった。それだけに、戦後大規模な夏季大会を戦後2回開くのは東京が初めてであり、大会を通じてどのようなレガシーを残すのかという点で、世界の注目が集まる。

オリンピックとパラリンピックが併催されるようになったのも1964年の東京大会が初めてで、2020年の東京は、パラリンピック大会を2回開催する世界で初めての都市になる。そのため、身障者スポーツへの関心と、バリアフリーのまちづくりに対する関心が高まりを見せている。実際、2020年の大会期間中、パラリンピアンが車椅子で都内をスムーズに移動できるために、どのような問題を解決すべきか？といった分かりやすい問いかけが、超高齢化社会へ移行する都市が抱える問題と同じ次元で語られることも多く、車歩道の段差解消や電柱の地中化、そしてコンパクトな都市づくり等の問題を解決するための前向きな議論を生みだしている。

オリンピックレガシーに関する議論

ＩＯＣが提唱するオリンピックレガシーには、五つの領域がある。これらは、スポーツ施設の整備や国民のスポーツ参加や健康に関する「スポーツレガシー」、開催都市の教育、文化、民族、歴史的認識の向上と市民の参加と協力による「社会的レガシー」、環境政策や新エネルギー、環境志向型都市への再生といった「環境レガシー」、都市開発や交通網を含めたインフラ整備である「都市レガシー」、そして雇用の増加、消費の活性化、観光客の増加を含む「経済的レガシー」である。

これらはいずれもポジティブな側面に注目しているが、オリンピックに限らずメガ・スポーツイベントがもたらすレガシーには、光があれば影があるように必ずネガティブな側面も付随する。グラットンとプレウス[注14]は、予見されるネガティブな影響として、「スポーツ・文化振興の減退や一過性のブーム」「過剰投資や施設・設備の未利用放置」、予見できないネガティブな影響として「反対運動や大会後の燃え尽き症候群」「民間設備の過剰投資リスク」を指摘したが、実際、前述の１９７６年モントリオール大会や２００４年アテネ大会のように、経済的レガシーやスポーツレガシーにおいて、ネガティブ面が目立つ大会もあった。

１９６４年大会のレガシー

１９６４年の東京大会では、近代的な都市の社会基盤を整備することに成功した。新幹線や首都高速といった、経済活動を加速化する特徴的なインフラの構築は、結果として大きな経済的レガシーを残した。もちろんオリンピックが来なくても、いずれはこれらの交通網が整備されたではあろうが、異なる計画をシンクロナイズさせて、一時期に集中させることがオリンピックによって可能になったのである。

新しく建設された国立競技場や武道館、そして代々木に集積した観客席を備えたスポーツ施設は、国際的なスポーツ大会の会場として現在も活用されている。1961年に制定されたスポーツ振興法や1962年に設立されたスポーツ少年団も、現在のスポーツ振興の基盤となる制度であり、意味のあるスポーツレガシーを後世に残した。

戦後、食うや食わずの状況の中で低迷していたスポーツ参加率も、1964年東京大会を契機に大きく上昇した。総理府が初めてスポーツ実施者の調査を行ったのは1957年であるが、その時の参加率は、男性23%に対し女性はわずか7%だった。それがオリンピック開催直後の1965年には45%に増加し、1972年には60%に達した。[注15]その後現在にいたるまで、スポーツ参加率が6割を割り込むことはない。このようなスポーツ参加率の向上は、生活の質的向上やライフスタイルの変化と関係が深く、オリンピックがどこまで直接的な影響を与えたかは不明であるが、自国で開かれた世界最大のスポーツの祭典が、国民のスポーツへの関心を高めたことは事実である。

さらに、16個の金メダルを獲得した日本人選手の活躍や、大会自体を成功に導いた運営力は、日本国民としての誇りやアイデンティティを高めることに役立った。オリンピックが生みだしたスポーツヒーローやヒロイン、そして外国人選手の活躍を見た青少年に与えた影響は大きく、多くのスポーツ少年・少女が育ったことは想像に難くない。当時小学校5年生であった筆者も、大阪市長居陸上競技場で開催された日本対ユーゴスラビア戦（決勝トーナメントに進めなかったチームによる順位決定戦）を目の前で観戦したが、当時サッカーを始めたばかりの小学生にとって、世界のサッカーに触れるまたとない機会となった。もちろん目の前でプレーしていた選手の中に、当時27歳の川淵キャプテンと23歳のオシム元日本代表監督がいたことなどは知る由もなかった。

２０２０年東京大会のレガシーとは？

１９６４年東京大会は、どこか牧歌的な雰囲気を残した国際大運動会であったが、２０２０年の大会は、大会規模や情報伝達のスピード、そして巨額化する放送権料やスポンサーマネーによって、まったく異なるメガ・スポーツイベントになる。では、さらなる進化を続ける２０２０年大会は、どのようなレガシーを残すべきだろうか？

一つ参考になるのが、オリンピック・パラリンピック大会後も、レガシーを最大限活用して経済的な発展を続ける英国である。英国政府の発表によれば、五輪開催年の２０１２年から2年間で、オリンピックレガシーを最大活用することによって１４２億ポンドの貿易・投資ベネフィットを生みだすことに成功した。[注16]

その手法は二つに分類される。一つが優れた技術の輸出であり、もう一つが、英国をプロモートすることによるインバウンド観光の振興にある。前者では、五輪開催中、英国政府が外国の貿易担当大臣や企業関係者を招き、英国企業を売り込む手助けを行うとともに、２０１２年ロンドン大会から生じる貿易・投資の機会を最大化するために、「英国貿易投資総省」（UK Trade & Investment）を通じて、グローバルスポーツ産業、施設インフラ、そしてセキュリティなどを扱う五輪関連企業の技術とシステムの輸出に関するさまざまな支援を実施した。これにより外需を牽引する産業の海外展開が活発化した。

後者は、グレート（GREAT）キャンペーンと呼ばれ、２０１２年の大会をショーケースとして最大活用し、英国の魅力を海外に向けてプロモートすることが目的とされた。そのために、ビジット・ブリテン・キャンペーンを行う英国政府観光庁とともに、英国が、訪問、留学、仕事、投資、そしてビジネスをするのに最適の場所であることを海外にアピールし、今後4年間（12―15年）で４７０万人の外国人観光客と23億ポンドの観光消費を上積みするという目標を設定した。

この他にも、２０１２年大会に関与したオリンピックのサプライヤー企業を、五輪後終了後もロンドン五輪に関与した指定企業であることを認定し、海外でのビジネス展開を有利にする仕組みを構築した。これはＩＯＣと英国オリンピック委員会（BOA：The British Olympic Association）が同意した新しいライセンススキームであり、たとえば水泳競技会場の建設を行った企業は、国際競争入札の入札書類にその旨を明記することを可能にした。

これらのレガシー戦略は、英国と同じ島国である日本においても参考になる点が多い。その一つが、２０２０年の大会を、日本の技術力をアピールするショーケースとして活用し、鉄道や水ビジネスといった日本の得意分野の技術やシステムを輸出してお金を稼ぐ、外需を誘引する経済活動の活性化に結びつける方策である。これは、日本が得意な「モノづくり」の技術的な蓄積を、急成長を遂げるアジア市場でのビジネス受注につなげるとともに対日直接投資を拡大する、内需依存型の経済から外需誘引型の経済への大きなパラダイムシフトを助長する。

もう一つは、日本が持つ、自然、文化、伝統、和食、温泉、そしてスポーツといった日本の観光資源を最大限活用した、インバウンド観光の活性化であるが、筆者はここに２０２０年大会の最大のレガシーがあると考えている。２０１５年に2千万人に近づいた外国人観光客は、高齢化と人口減に悩む日本の、今後の生きる道を示している。日本独自のホスピタリティとサービスの力を世界に発信しつつ、観光文化大国としての立ち位置をどのように確立するかという社会的レガシーの醸成が重要な課題となる。

第4章　スポーツツーリズムと都市戦略

1　スポーツツーリズムの世界的拡大

スリーピング・ジャイアント〈眠れる巨人〉

スポーツツーリズムは、これまで観光産業におけるニッチ市場という認識が主流であった。ニッチとは「隙間」のことで、市場全体の一部を構成するある特定の需要や客層を持った、規模の小さい市場を意味する。しかしながら、世界の観光産業におけるさまざまなニッチ市場の中で、スポーツツーリズムはもっとも早い成長を見せている。今後は、レジャーやスポーツへの関心が世界的に高まるにつれて、潜在的な需要が顕在化し、ニッチ市場からマス市場へのシームレスな移行が期待される。とくに中産階級が爆発的に増加している東アジア諸国では、スポーツツーリズムに対する需要はまだ潜在的な域を出ない。しかし〈眠れる巨人〉と呼ばれるスポーツツーリズムが、眠りから目覚める日はそう遠くない。

スポーツツーリズムへの関心が高まった背景には、世界的な健康志向やアクティブなライフスタイルの定着により、スポーツを目的として旅を楽しむ人の飛躍的増大がある。日常的にエクササイズやスポーツを行い、スポーツイベントをテレビで観戦する生活が一般化するとともに、スポーツに参加するために、あるいはスポーツの観戦や応援を行うために旅をする人口は世界的に増えている。

ニッチ市場からマス市場へ

ＵＮＷＴＯによれば、２００８年の時点で、スポーツツーリズムは世界の観光産業の10％を占め、約60兆円の規模を誇り、年６％の成長を見せている。[注1] 実際、海外では旅行中にスポーツに参加する旅行者の数は、想像以上に多く存在する。まず、ヨーロッパの実態を見てみよう。２００１年に行われたＷＴＯ（現在のＵＮＷＴＯ）とＩＯＣ（国際オリンピック委員会）の共同研究である「ドイツ人・オランダ人・フランス人のアウトバウンド・ホリデイ（遠隔地休暇）におけるスポーツ活動」の調査によれば、ドイツ人、オランダ人、フランス人が過ごした遠隔地休暇において、スポーツを主要目的とする旅行の割合は、それぞれ55％、52％、23％であった。同調査では、多くが大都市居住者であるツーリストの主要目的地は、オーストラリアやスペイン等であり、滞在期間は４泊から７泊、年齢は20代から40代と若く、社会階層も中流以上というプロファイルが報告された。[注2] その一方、英国では、全体の20％の旅行がスポーツ参加に直接関連し、休暇中の旅行者においては、50％が偶発的にスポーツに参加する機会を持つと報告されている。[注3]

次に北米であるが、全米スポーツコミッション協会（NASC：National Association of Sports Commission）の報告によると、アメリカのスポーツツーリズム産業は、２０１１年の時点で76億８千万ドル（１ドル１２０円として約９千２１６億円）の規模であり、約２千３９０万人がスポーツを目的とした旅行を楽しんでいる。[注4] その一方、カナダでは、52億ドル（１カナダドル91円として約４千７３２億円）の市場を持ち、約４割のレクリエーション的旅行（７千４百万回）がスポーツイベントの参加を含んでいる

など、スポーツツーリズムはすでにニッチ市場の域を超えている。[注5]

五輪後の英国で開花するスポーツツーリズム

英国の「ビジット・ブリテン」（英国観光局）は、これまで英国統計局が行ってきた国際旅客調査（IPS：International Passenger Survey）の中に、スポーツツーリズムに関する調査項目を加え、継続的に調査を実施している。調査の対象は、英国を出国する海外居住者である。スポーツツーリズムの項目が最初に加えられたのは２００１年であるが、２００２年と２００５年の統計データを加え、時系列の変化を追ったレポートがＩＰＳのウェブサイトに掲載された。[注6] なおスポーツを職業とするジャーナリストやプロ選手、そしてスポーツイベントをテレビで観戦した人は分析から除外された。

図表４・１によれば、２００５年に英国を訪れた3千万人の外国人旅行者の内、８％にあたる２４０万人がスポーツを観戦したか、もしくはスポーツに参加している。その内訳をみると、全体の５％にあたる約１５０万人がスポーツイベントを観戦し、４％にあたる約１２０万人がスポーツへの参加を行い、全体の０・99％にあたる約30万人が観戦と参加の両方を行っている。

スポーツツーリストがどのくらいお金を使ったかについては、一人あたりの観光消費額は６５２ポンド（1ポンド１７２円として約11万2千円）であり、平均的な外国人旅行者の４７２ポンド（約８万１千円）を大きく上回っている。１日あたりの消費額は47ポンドで、他の外国人旅行者が使う57ポンドよりも少ないが、平均滞在期間は14日と長く、他の外国人旅行者の平均である８日の倍になっている。ここから、日々の出費を抑えながら、長期間滞在してスポーツを楽しむツーリストの姿が浮かび上がる。

この調査では、スポーツ観戦もしくはスポーツ参加を「旅行の主目的」とする外国人旅行者の割合も報告されている。その割合は全体の約3％（89万5千人）であり、その中の75％（67万4千人）がスポーツ観戦者である。彼ら（彼女ら）の消費総額は4億4千7百万ポンド（769億円）で、2005年に外国人旅行者が消費した総額である1千420億ポンド（24・4兆円）の約0・3％に相当する。

その後、英国観光局が2011年に行った調査では、スポーツのライブ観戦を行った外国人観光客は130万人であり、驚くべきことに、その中の約90万人がサッカーのプレミアリーグを観戦したと報告している。これは、外国人観光客の4％にあたり、観光消費額にすれば11億ポンド（約1千9百億円）に相当する。その一方、スポーツに参加した人の合計は70万人であり、

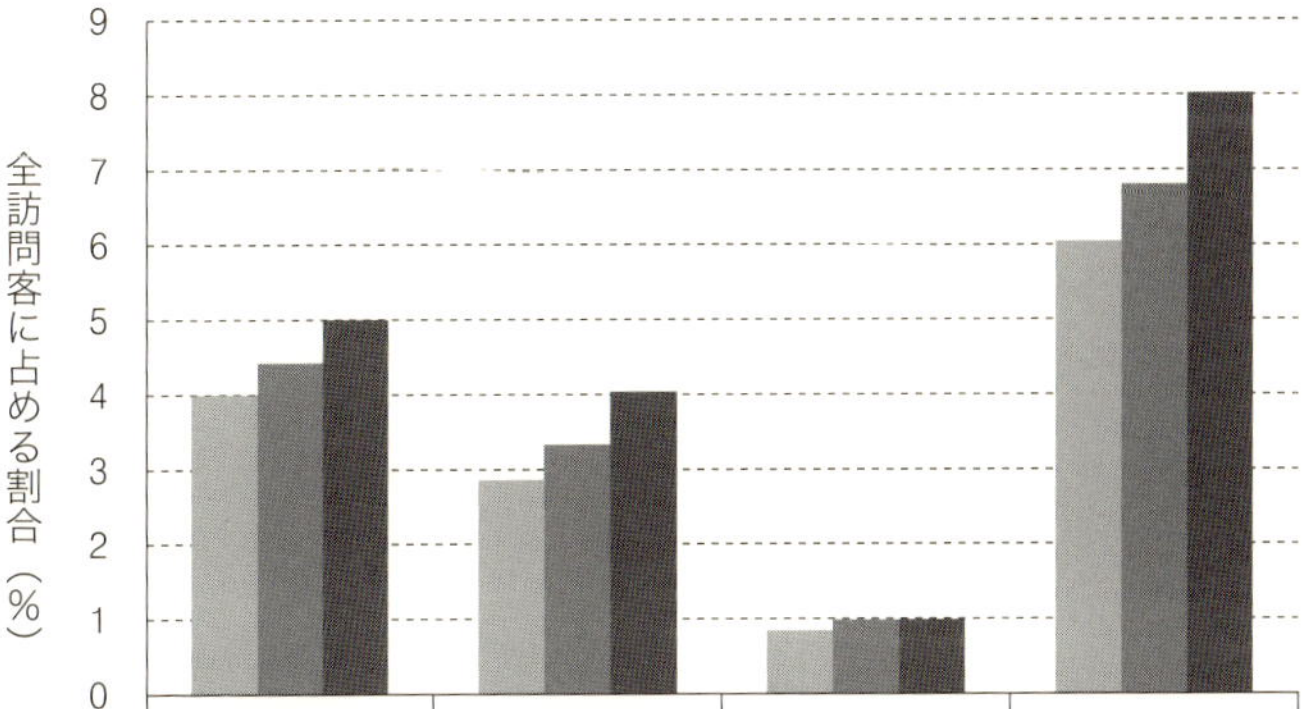

	観戦した	参加した	両方	どちらか一方
2001	4.01	2.86	0.81	6.06
2002	4.43	3.34	0.97	6.81
2005	4.99	4.03	0.99	8.03

図表 4・1　海外旅行者におけるスポーツ観戦者とスポーツ参加者の割合
（IPS, 2005 のデータを参考に作図）

消費額は12億ポンド（約2千億円）である。よって観戦者と参加者の両者を合計すると、２０１１年のインバウンドのスポーツツーリズムは、23億ポンド（約３千９百億円）の市場を持つことが分かる。

図表４・２と**図表４・３**に示したのは、スポーツ観戦とスポーツ参加の種目別割合である。スポーツ観戦では、サッカープレミアリーグの観戦が67％と群を抜いており、ラグビー、競馬、クリケットがそれに続く。一方、スポーツ参加については、ウォーキング・ハイキングがもっとも多く、ゴルフとサッカーがそれに続く。

英国のツーリズムは、２０１２年ロンドン五輪後も安定した成長を見せているが、その中でもスポーツと文化に関するインバウンド観光の伸びは著しい。２０１４年の外国人旅行者数は前年比５％増の３千４３８万人で、名目消費額も３％増の２１９億ポンド（約４・４兆円）と過去最高を更新したが、同年にグラスゴーで開催された、世界71の国・地域が参加したコモンウェルスゲームズの影響も無視できないだろう。さらに２０１

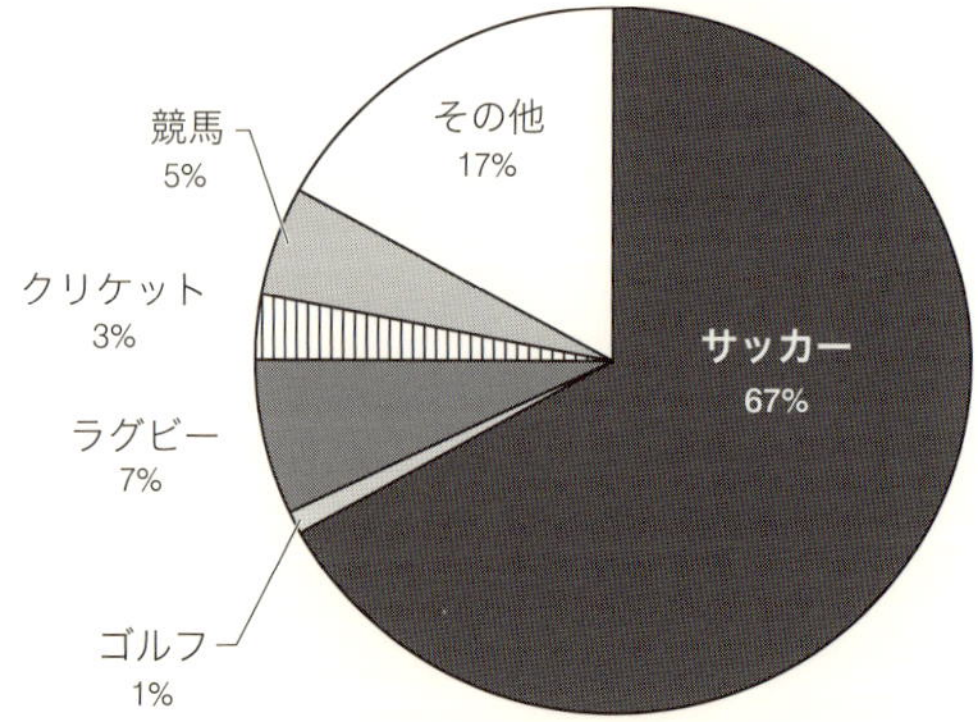

図表 4･2　英国における外国人スポーツツーリストの観戦種目
http://www.visitbritain.org/Images/Foresight%20113_tcm29-37009.pdf

5年のラグビーワールドカップ、そして２０１７年の世界陸上大会といったメガ・スポーツイベントの開催が続くが、五輪後の継続したメガ・スポーツイベントの誘致は、五輪レガシーの継続という視点から、国や自治体が主導して行う重要な都市戦略となっている。

英国には、ビッド（招致活動）によって開催権を獲得するメガ・スポーツイベントに加え、同じ時期に同じ場所で毎年開催される、サッカーのプレミアリーグやテニスのウィンブルドン等のイベントがある。多くの海外ファンを引き寄せる英国発の国内イベントも、スポーツ・デスティネーションとしての英国の存在感を高める要因の一つである。

成長の理由

スポーツツーリズムが成長した背景には、四つの理由が存在する。第一は、スポーツ産業のグローバルマーケットの著しい発展と、多くのライブ観戦者を引き付ける、メディア価値の高いスポーツイベントの数と種類の増大である。前述した英国プ

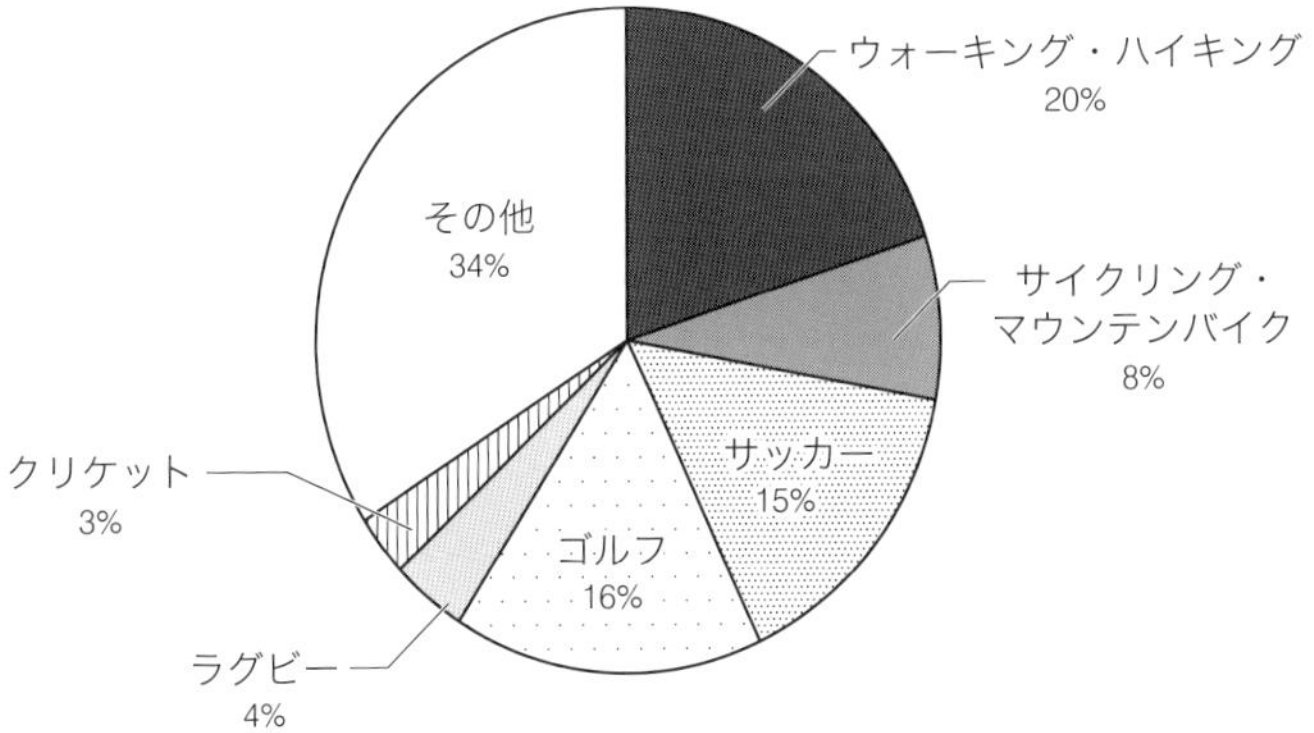

図表 4･3　英国における外国人スポーツツーリストの参加種目
http://www.visitbritain.org/Images/Foresight%20113_tcm29-37009.pdf

レミアリーグをはじめ、オリンピックやラグビーワールドカップ、各種スポーツの世界大会、そして近年人気が高まっているエクストリームスポーツ（アクションスポーツとも呼ばれ、速さ、高さ、華麗さなどの離れ業を競う、過激で危険な要素を持つスポーツの総称）のイベントなど、〈観戦型観光コンテンツ〉としてのライブ・スポーツイベントの存在感が高まっている。たとえば、２０１５年5月16—17日に千葉市で開かれたレッドブルエアレースでは、延べ約12万人の有料入場者があり、約70億円の経済効果が得られた。

第二は、参加型観光コンテンツとしてのスポーツイベントの増大である。日本国内だけを見ても、各地で開かれている2千近いマラソン大会や、3百近いトライアスロン大会、そしてヒルクライムレースやトレイルランニングなど、耐久性スポーツ大会に参加するために全国を旅する参加者は多い。

第三は、スポーツコンテンツを使った、新しいデスティネーションマーケティングへの関心の高まりである。観光資源とは単なる「モノ」ではなく、地域が持つ「物語性」であり、他者との物語の共有から生まれる地域への愛着である。スポーツイベントの場合、イベントの魅力もさることながら、都市とスポーツが持つイメージの整合性や、都市のブランドイメージに占めるスポーツの割合といったものが重要となる。近年、世界の都市が、観光資源としてのスポーツに注目し始め、積極的にコンテンツ化を図るようになってきたが、その背景には、スポーツには人を動かす力があり、スポーツイベントには、人を都市に引き付ける磁力のあることが理解され始めたからである。

第四の理由として、健康でアクティブなライフスタイルに対する世界的な関心の高まりがある。スポーツの参加率が高く、エクササイズや身体活動が日常生活化している北米や北欧とともに、所得が向上し、健康やスポーツを志向したライフスタイルが浸透するアジアでも、スポーツツーリズムに対する関心は高まっている。世界的な規模でスポーツ用品の売り上げが増大している背景には、アクティブライフスタイルの一般化と、余暇消費の拡大による購買行動の変化がある。

スポーツツーリズムに対する国内需要

次に、国内におけるスポーツツーリズムの需要について考えてみよう。海外では、英国のようにスポーツツーリズムに関する数字が公表されている国もあるが、日本における国内市場の規模が明確に把握されているわけではない。その中で、スポーツツーリズムの参加者の割合と潜在需要を知ることのできる調査結果が公表された。それが、インターネット調査会社のマクロミルと三菱ＵＦＪリサーチ＆コンサルティング株式会社が２０１４年に共同で行った全国調査である。[注7] この調査は、全国15歳（中学生を除く）から69歳のマクロミルの調査専用パネルに対して実施し、男女同数の計２千名の回答を得たものである。

その結果、回答者の約半数（50・5％）が、スポーツを目的とした観光・旅行に行った経験があると答えている。その内訳は、スポーツの観戦（42・0％）、スポーツの体験・実施（30・0％）、スポーツの大会、競技会への参加（27・8％）や家族や友人の応援（26・2％）である。別の質問では、全体の45％が今後のスポーツを目的とした観光・旅行に対する参加意向を持っており、スポーツ観戦（31・3％）やスポーツ大会、競技会への参加（13・4％）など、アクティブ型やイベント型に対する潜在需要の存在が明らかになった。

これまでに経験したスポーツ種目としては、野球がもっとも多く、スキー・スノーボード、サッカー・フットサル、テニスが続く。今後経験したいスポーツとしては、野球、ハイキング・登山、サッカー・フットサル、スキー・スノーボードが順に並ぶ。地域別で見ると、スポーツを目的とした観光・旅行でこれまでに行ったことがある訪問先では、関東がもっとも多く、以下、近畿、北海道、九州と続く。また、今後行ってみたい訪問先として、国内は北海道、関東、沖縄、海外はハワイとヨーロッパという回答であった。

2　スポーツツーリズムの3領域

スポーツツーリズムには、スポーツイベントを観戦・応援する「イベント・スポーツツーリズム」、スポーツイベントに参加する「アクティブ・スポーツツーリズム」、そしてスポーツの記憶が宿る場所（殿堂や博物館等）を訪問・見学する「ノスタルジア・スポーツツーリズム」の三つの領域がある。図表4・4には、これら三つの領域と、重複する部分が示されている。たとえば「アクティブ」と「イベント」が重複する部分には、マラソンやトライアスロンなどのイベント参加が、そして「ノスタルジア」と「アクティブ」の重複部分には、テーマ・バケーションやファンタジーキャンプなどが位置づけられる。

イベント・スポーツツーリズム

イベント・スポーツツーリズムには、オリンピック大会やＦＩＦＡワールドカップ大会といったホールマーク（優良）イベントの観戦から、ゴルフのＰＧＡツアーやテニスのＡＴＰツアーなどのトーナメント観戦、そしてバスケットボール、サッカー、ベースボール等のプロリーグの観戦まで、多種多様な観戦型イベントが含まれる。日本でもプロスポーツのアウェイゲームの応援に行く「アウェイツーリズム」が注目を集めている他、春・夏の甲子園に代表される高校野球にも、多くの観戦者や応援団が押し寄せる。興味深いのは、参加型スポーツの典型と考えられていたトライアスロンが、近年では観戦型スポーツ大会として存在感を増している事実である。２０１２年のロンドン五輪では、男子の大会で70万人、女子の大会で50万人の観戦者があった。日本でも、10万人の観客がある日本トライアスロン選手権東京港大会や、２日間で30万人近くの観客を集める世界トライアスロンシリーズ横浜大会などがある。

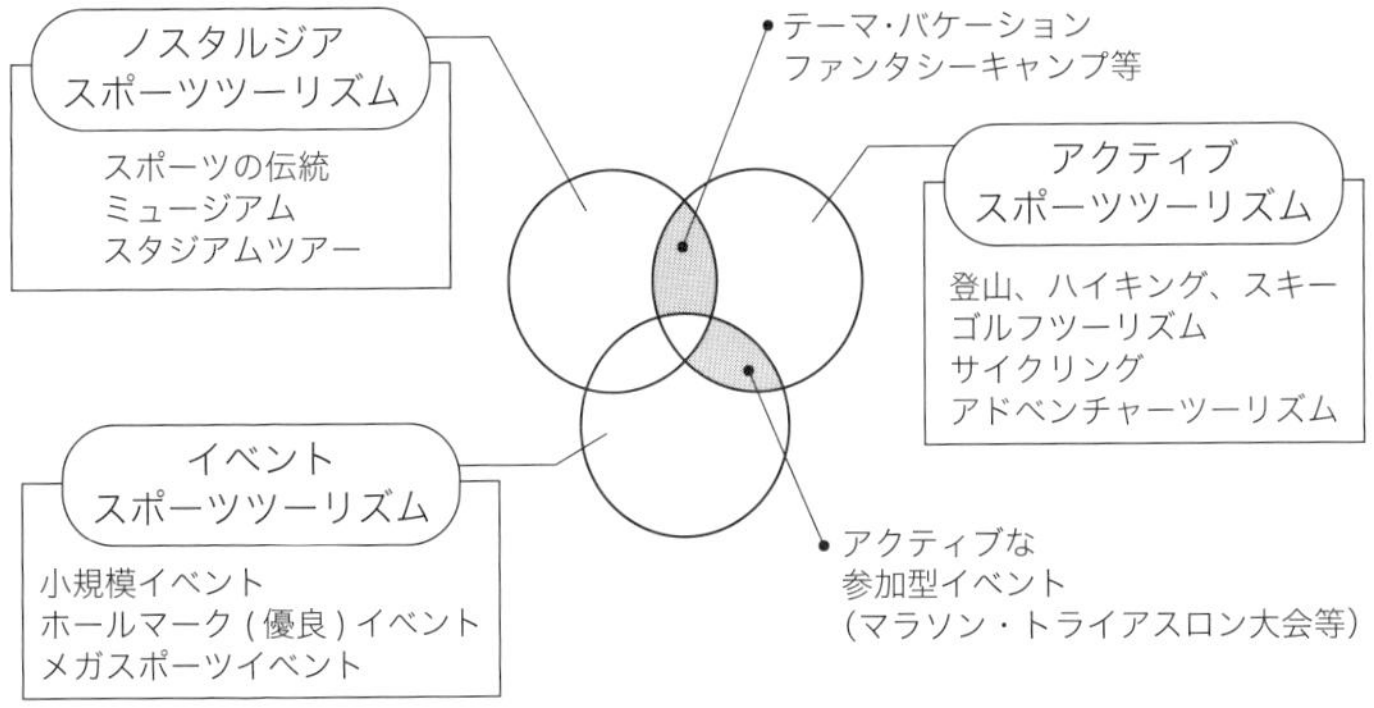

図表4･4　スポーツツーリズムの領域
注：Richie, B.W. &Adair, D. "Sport Tourism" Channel View Publications, 2004, p.18 より一部引用

アクティブ・スポーツツーリズム

旅行者が休日を利用して楽しむスポーツには、冬（ホワイトシーズン）のスキーやスノーボードから、夏（グリーンシーズン）に行うハイキング、登山、トレッキングの他、スキングの他、スキューバダイビングやシュノーケリング、スイミング等の水辺活動、サイクリング等がある。場所も豊富で、国際規格に合致したスポーツ施設から、自然豊かなフィールドまで、じつに多様な環境が日本に存在する。

アクティブ参加者には、スポーツへの関与のレベルで、積極的に大会やレースに参加するアクティブ参加者と、趣味やレジャーとしてスポーツを楽しむホビー層に分けることができる。アメリカにおいて、もっとも参加者が多いのが、試合や合宿に参加するために全米各地を旅行するチーム型のスポーツツーリズムであり、全米のスポーツツーリズムの9割近くを占める。

写真 4・1　シンシナティレッズの殿堂博物館

ノスタルジア・スポーツツーリズム

ノスタルジア・スポーツツーリズムは、有名なスポーツ関連アトラクションの訪問を意味する。海外では、バスケットボールや野球の殿堂（ホールオブフェーム）、あるいは有名なスタジアムやアリーナの訪問などがある。著者も海外出張のおりには、時間を見つけて出張先のスポーツアトラクションを訪問するが、最近では、メジャーリーグのチームで、もっとも評価が高いシンシナティ・レッズの殿堂博物館（写真4・1）や、ラグビーの聖地であるトゥイッケナムにあるワールドラグビー博物館を訪問した。両者とも、歴史やルールを学ぶだけでなく、ボールを投げたり、スクラムを組んだり、スポーツが体験できるアクティブな展示があり、家族で楽しめるように工夫されている。

国内では、札幌市の大倉山ジャンプ競技場と札幌ウィンタースポーツミュージアムは、1972年の札幌冬季五輪大会のノスタルジーを感じることができる観光スポットとして人気が高い。

3　スポーツツーリズムに対する地域の関心の高まり

地域政策としてのスポーツと観光の融合

観光を基幹産業にしようとする国レベルの動きが顕在化するとともに、自治体においても、スポーツが持つ地域を変える「触媒力」（catalytic power）に対する認識が高まりつつある。その証左として、総合的な政策マネジメントの一環として、地方自治体におけるスポーツ関連組織の再編が進んでいる。これまでスポーツ振興は、教育行政の一環として行われてきたが、90年代後半より、スポーツ振興（もしくは生涯スポーツ）が教育から切り離され、知事・市長部局に移管されるケースが散見されるようになった。たとえば大阪府では、１９９７年の「なみはや国体」開催を契機に、生涯スポーツに関する業務を教育委員会から切り離すとともに、他のスポーツ関連事業を知事部局に集め、「生涯スポーツ振興課」を全国に先駆けて設置した。

さらに２００７年には、「地方教育行政の組織及び運営に関する法律」の一部改正によって、学校教育以外の事務であるスポーツや文化は、自治体が条例を定めることによって知事または市長村長が管理・執行することが法律上可能となり、スポーツをめぐる組織再編の動きが活発化した。その結果、スポーツは観光や文化と融合して新しい組織機構に移管されるとともに、地域の活性化と経済効果をもたらす優先順位の高い行政課題として認識されるようになった。

たとえば高松市では、簡素で効率的な組織体制を実現するために、２００８年に教育委員会から芸術文化・スポーツに関する事務を移管して市民政策部に「国際文化・スポーツ局」を設置し、教育部にあった「市民スポーツ課」を廃止した。沖縄県もまた、２０１１年に県教育庁が所管する学校関係以外のスポーツ関連施策と、文化財保護以外の文化関連施策を知事部局に移行し、スポーツと観光の融合という新しい課題に取り組む「文化観光スポーツ部」を設置した。最近では、秋田県も２０１２年４月に１１９人体制の「観光文化スポーツ部」を設置するなど、国の政策に先んじる形で、地方自治体でスポーツと観光の融合が進んでいる。

さらに海外に目を転じると、行政組織におけるスポーツと観光の融合は、すでに多くの国で実現している。たとえばポーランドの「スポーツ・観光省」、タイの「観光・スポーツ省」、韓国の「文化・体育・観光部」、ロシアの「スポーツ・観光・青少年政策省」、ベトナムの「文化・スポーツ・観光省」、そして英国の「文化・メディア・スポーツ省」など、スポーツツーリズムの普及振興を国家政策としている国は多い。

スポーツとまちづくり条例の統合

冒頭で述べたように、地域経済の発展に寄与しないスポーツの「施策上のプライオリティ」は高くない。それが高まるのは、たとえばスポーツ振興が、「まちづくり」や「都市経営」といったより普遍的な政策課題と合体して条例化され、スポーツに新しい価値が賦与された時である。

スポーツ振興とまちづくりに関する条例では、「21世紀出雲スポーツのまちづくり条例」（２００６年）が先駆けとなり、その後「埼玉県スポーツ振興のまちづくり条例」（07年）、「東松山市スポーツ振興まちづくり条例」（09年）、「さいたまスポーツ振興まちづくり条例」（10年）、「下関市スポーツ振興のまちづくり基本条例」（10年）、そして「熊谷市スポーツ振興まちづくり条例」（11年）が施行された。

条例の中身は、自治体によって若干異なるが、スポーツの大きな役割として、地域経済の活性化を掲げる自治体もある。たとえば出雲市は、前文の中で、「市民生活のあらゆる局面で、市民がいわば生涯スポーツに親しみ、幅広く多様なスポーツや運動を、生涯を通じて楽しみ、その活動の輪と裾野《すその》を広げるとともに、市民がいわば競技スポーツの専門家を目指し、記録に挑戦し、夢と感動を与えられ、誇りを持つことは、活力ある健全な地域社会の発展に大きく貢献するものである」と述べつつ、「他方、大型スポーツイベントの誘致・開催は、市民の日常活動に大きな刺激を与えるとともに、観光ビジネス等地域経済の発展に重要な役割を果たしつつある」と地域経済への貢献に対し、スポーツに明確な役割を求めている。

4　日本型スポーツツーリズムの創出

豊富なスポーツ資源

日本には、プロ野球、Jリーグ、ラグビー、プロゴルフ、相撲、柔道など、世界的にみてもハイレベルで、すでに日本固有の文化となっている「観るスポーツ」と、豊かな自然環境や美しい四季を活用した、スキー、ゴルフ、登山、サイクリング、海水浴など、国民が常日頃から親しんでいる「するスポーツ」がある。さらに、それらの活動や大会を「支える」競技団体やNPO法人、そしてスポーツのボランティア等が存在する。

総合的に見れば、日本はアジアでもトップクラスのスポーツ先進国であり、世界的に見ても、スポーツ環境は国際的な競争優位性を持っている。とくにスポーツツーリズムの視点から見ると、わが国にあるスポーツ資源の豊かさに驚かされる。日本の国土は、ヨーロッパに比べると、急峻な山岳地帯や深い谷が続く険しい地形が多く、スキーや登山を除き、これまでアウトドアスポーツに目立った発展はなかった。しかし、第2章で説明したように、これまでハンディだと考えられてきた高低差は、実はアウトドアスポーツに適した地形である。

わが国には、過疎に悩む中山間地域が多く存在するが、実は自然豊かなアウトドアスポーツの資源に恵まれた場所である可能性が高い。よって、隠れたスポーツツーリズムの資源を発見し、それを磨いて加工し、旅行商品化する作業が必要となるが、ＳＮＳや口コミによるマーケティング次第では、中山間地域が再生できる道が開けるかもしれない。

アウトドアスポーツの宝庫

南北に長く、パウダースノーからコーラルリーフまで、豊かな自然資源を持つ日本は、アウトドアスポーツの宝庫である。たとえば最北端である北海道宗谷岬（北緯45度52分）から最南端の波照間島（北緯24度02分）は、アメリカで言えば、西海岸のシアトル（47度30分）からアメリカ最南端のフロリダ州キーウェスト（北緯24度33分）と同じ長さで、他のアジア諸国にはない、冬のスポーツと亜熱帯のスポーツが同時に楽しめる稀有なスポーツ環境を有している。

国土がどれだけ森林に覆われているかを示す指標は「森林率」と呼ばれるが、先進国では、フィンランドの72・91％とスウェーデンの69・24％に続き、日本は68・57％で第三位である。この数字だけを見ると、日本の自然環境はスカンジナビア諸国に近く、現在の「ノルディックウォーク」（ポールを持って歩く北欧生まれのエクササイズ）の普及ぶりを見ていると、今後、ポールを使ったノルディックスキーイング、ノルディックブレーディング、ノルディックスノーシューイング等の「ノルディックスポーツ」がさらに普及する可能性も否定できない。

海に目を転じれば、日本には北から南まで多くの島がある。陸地の面積に比べてどの程度海岸線の距離が長いかを示す概念に、「島嶼部性《とうしょぶせい》」という言葉があるが、6千以上の島がある日本は、7千以上の島からなるフィリピンに次いで世界で2番目であり、日本がマリンスポーツの宝庫であることを意味する。珊瑚礁や熱帯魚など、ダイビングの対象資源としての「海底観光資源」が豊かであり、ホエールウォッチングやドルフィンセラピーなどの鑑賞・体験型、そしてシーカヤックやサーフィンなどが楽しめるスポーツイベント型の「海域観光資源」を持つ海洋観光の資源大国でもあるが、他の観光産業領域と同様に、先端的な観光産業振興の取り組みからは取り残されている。

北に目を転じてみると、2011年から2013年の間に、北海道を訪れた外国人観光客の数は57万人から115万人へと倍増しているが、その中でもタイからの観光客が1万人から10万人の約10倍、そしてスキーを主目的とするオーストラリアからの観光客が2万人から3・5万人の約1・7倍に急増するなど、北海道人気が定着している。東南アジアの富裕層が北海道に関心を示すのは、自国にない良質な雪や冷涼な気候、そして美しい景観であり、アウトドアスポーツに対する関心も低くはない。さらにオーストラリア人が四季を通じた観光素材を発見し、さまざまなアウトドアスポーツの着地型商品を造成したニセコをはじめ、道内各地の誘客努力により、外国人観光客の数は着実に伸びている。

広域的なデスティネーション・マネジメント

自然資源をベースとした豊富な観光資源があるにもかかわらず、その多くが「隠れた資源」として放置されているのが今の日本の状況である。日本の最南端と最北端を線で結ぶと、ちょうど真ん中に来るのが鹿児島県鹿屋市であり、その南には広大な海洋観光資源が広がっている。その一方、北の大地には、他のアジア諸国にはないパウダースノーや冷涼な気候、そして豊かな食文化を育む北海道がある。

現在の日本には、旅行目的地としての競争優位性を確立するために、交通、ホテル、レストラン、自然環境、イベント、名産品、歴史的・文化的史跡、景観等の観光資源を戦略的にブランディングする「デスティネーション・マネジメント」の思想が必要とされるが、観光資源としての自然を、ツーリストアトラクションとして世界に売り出そうという動きは緩慢である。

国土の四分の一が深い緑に覆われ、砂浜、原生林、氷河、フィヨルド、活火山などの自然環境を持ち、希少な動植物や自然豊かな国立公園などを自然遺産として保護することによって、広域的な観光資源をブランディングするニュージーランドのデスティネーションマーケティング戦略などは、今後もおおいに参考にすべきであろう。

スポーツツーリスト増加の可能性

前述したが、スポーツツーリズムの有望なインバウンド市場であるアジアがこのまま順調に経済成長を続けた場合、中間所得層と高所得層を合わせた人口規模は、２００８年の９・４億人から、２０２０年には19・5億人とほぼ倍増すると予測されている。[注8] これは、欧米を含む先進諸国合計の人口を凌駕する。

これによって生じる海外旅行ニーズに応えるように始まったアジアを対象とした国別査証緩和政策は、さらなる訪日観光客の増加を誘発する前向きな制度改革である。2010年7月に始まった、中間所得層の中国人を対象とした個人向けの査証(ビザ)の発給要件の緩和は、同国からの観光客を大幅に増加させた。また2012年の、タイ人、マレーシア人、インドネシア人に対する滞在期間原則15日間最大90日間(有効期間3年)という短期滞在数次査証の導入や、翌年の7月に始まるタイ人・マレーシア人の短期滞在査証の免除は、その後のベトナム人・フィリピン人に対する短期滞在数次査証の導入や、インドネシア人を対象とする数字査証滞在期間の原則30日間の延長などの布石となった。2013年になると、その範囲をミャンマー人、ラオス人、カンボジア人に広げ、同じ短期滞在数次査証の導入を行ったが、その結果、2012年の6市場からの訪日旅行者数77・5万人(実績)は、2013年に110万人へと急増し、わが国初の訪日外国人観光客1千万人突破に貢献し、その後の急成長の布石となった。

日本を初めて訪問するアジア人の観光旅行は、かつての日本人がそうであったように、多くの名所旧跡を駆け足で巡る団体周遊型の旅行が主たるものである。アジア人観光客の多くは、ショッピング、温泉、日本食を目的とし、文化的に類似する伝統文化・歴史的施設には、欧米人ほど興味関心を示さないと言われてきたが、現在では、旅行に対する興味関心が拡大し、多くのアジア人が日本の伝統的な寺社仏閣や世界遺産を訪れるようになった。今後、通り一辺倒な周遊観光を体験したリピーターが、交流や体験に重きを置いた、エコツーリズム、医療ツーリズム、そしてスポーツツーリズムのようなテーマ性のある「スペシャル・インタレスト・ツーリズム」に移行し始めている。

5　スポーツツーリズムに対する制度的支援

歴史ある隙間産業

日本における観光産業は、戦前から重要性が認識されてきた歴史のある産業であるが、戦後の基幹産業はあくまで「ものづくり」にあり、目に見えないサービス商品を造成する「ことづくり」産業に関する国の関心は低調であった。１９６３年には、法律として教育基本法や中小企業基本法、そして消費者保護基本法等とともに観光基本法が制定され、国家政策としての施策の基本的方向性が示されたものの、国が観光振興に本腰を入れるまでには長い時間が必要であった。

２００２年になり、当時の小泉内閣は、「経済財政運営と構造改革に関する基本方針２００２」の第２部「経済活性化戦略―六つの戦略」の中で、産業発掘戦略の一つとして観光産業の活性化と休暇の長期連続化を打ち出したが、これによって、伝統的かつ保守的な「観光業」が、先端的な「観光産業」として認知されるきっかけが生まれた。

２００７年には、当時の第一次安倍内閣が、アジア諸国との文化的交流を目指した「アジア・ゲートウェイ構想」を打ち出し、その後のオープンスカイ協定やクールジャパン戦略につながる「航空自由化」や「日本文化産業戦略」を含む10の最重要項目を掲げた。同年にはまた、１９６３年の観光基本法を全面改定した「観光立国推進基本法」が議員立法により制定され、それが呼び水となって観光庁の設立（２００８年）が実現した。

安倍内閣が進めた「航空自由化」と「アジア・ゲートウェイ構想」は、近年、目覚ましい発展を見せるＬＣＣ（格安航空）の参入を可能にし、低廉な価格による航空機利用が日常化した。杉浦は、ＬＣＣによって「これからの日本人の生活は一変する」と指摘し、「都会人が週末に田舎で大自然に親しんだり、地方球場での野球観戦やまつりにも気軽に行けるし、サッカーのサポーターがアウェイの試合について回ることもできるだろう」[注9]と述べている。ＬＣＣは、ビジネス客よりもむしろ価格に敏感な節約志向の観光客に人気が高く、今後、スポーツツーリストを含むレジャー志向の旅行者の利便性をおおいに向上させると予測される。

スポーツツーリズム推進基本方針の策定

観光産業が生産する商品は、目に見える「モノ」ではなく、サービス財の性質をもつ「コト」であり、目に見えない経験商品である。よって農産物や工業製品のように生産物を目にすることはできず、産業規模を実感することもむずかしい。これまでモノづくり産業が中心であった日本では、コトづくり産業への支援は手薄であった。観光産業はその典型であり、早くから国家政策として力を注いできた欧米・アジア諸国に比べ、日本の観光戦略は周回遅れというのが現状である。

前述のように、２００２年に外国人旅行者の訪日促進策を軸とした、観光立国に向けた本格的な取り組みがスタートしたが、翌年の2003年には、海外事務所等を通じて訪日外国人旅行者の誘致活動を行う独立行政法人国際観光振興機構（JNTO）が発足し、その後2008年には観光庁が設立されるなど、ようやく世界の観光先進国と肩を並べて観光マーケティングに取り組む体制が整うことになる。

2007年に施行された観光立国推進基本計画では、従来の旅行とは違うテーマを持った地域主導型の観光として「ニューツーリズム」という概念が提唱されていたが、この中には、ヘルスツーリズムやエコツーリズム、そして産業観光や文化観光といったジャンルが含まれるものの、スポーツツーリズムは存在しなかった。欧米では、1980年代から注目されていた旅行形態であるが、産業としての「観光」に対する関心が低かった日本では、(スポーツツーリズムを含む）観光を先端産業と位置づける欧米諸国の動きから大きく出遅れていた。

現在のスポーツツーリズムは、観光庁の研究会からスピンオフした一般社団法人日本スポーツツーリズム推進機構（JSTA）が司令塔となり、普及啓蒙活動を行っている。JSTAは、2012年に設立された組織で、月1回開催されるJSTAセミナーや、年1回東京で秋に開かれるJSTAカンファレンス、そしてスポーツコミッションがある地方都市で3日間開かれるスポーツツーリズム・コンベンションを通してスポーツツーリズムを推進するほか、自治体においてスポーツ合宿やイベントの誘致を担う「地域スポーツコミッション」の設立を支援している。

図表4・5は、2011年6月に取りまとめられた、「スポーツツーリズム推進基本方針」の概要であり、「魅せるスポーツコンテンツづくりとスポーツ観光まちづくり」「国際競技大会の積極的な招致・開

催」「スポーツツーリズム人材の育成・活用」「オールジャパンのスポーツツーリズム推進連携組織（ＪＳＴＡ）の創設」「旅行商品化と情報発信の推進」の五つが柱となっている。副題は、「スポーツで旅を楽しむ国・ニッポン」とあり、〈スポーツで人を動かす〉ことが方針の中核的アイデンティティとなっている。

日本スポーツツーリズム推進機構

ＪＳＴＡは、２０１０年から12年にかけて開かれた事前の研究会や勉強会を通してスポーツツーリズムに対する理解が深まり、今後の事業展開の可能性が見えてきたタイミングで設立された。社員総会では、法人会員から、ミズノ（株）、近畿日本ツーリスト（株）、（株）日本旅行、日本航空（株）、（社）日本トライアスロン連合、（株）ジェイティービー、（株）電通、（株）ヒト・コミュニケーションズ、（株）東横イン、スポーツコミッション関西、（社）さいたま観光国際協会、（一財）日本スポーツコミッションの代表が、そして

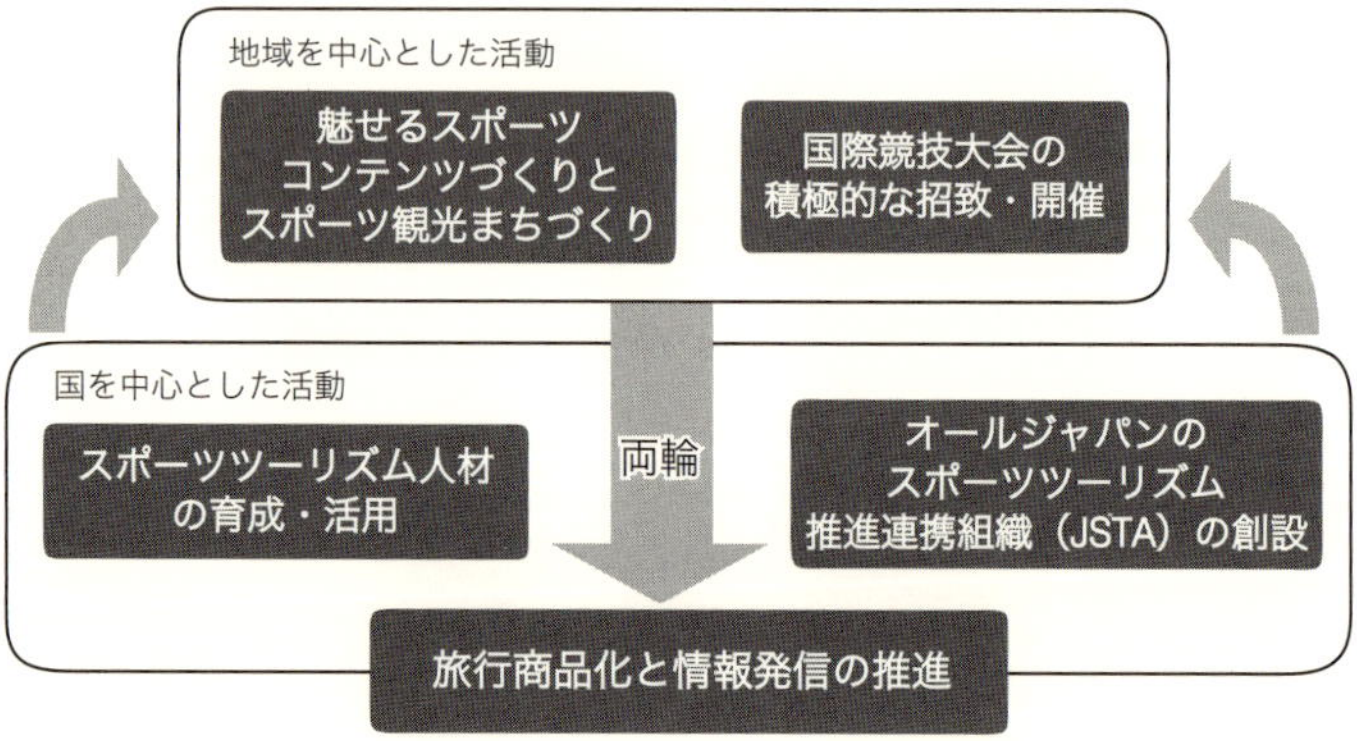

図表４･５　スポーツツーリズム推進基本方針の概要

筆者を含む3名の学識経験者が理事として選任された。ＪＳＴＡの定款に定められた主な事業は、以下のとおりである。

①スポーツツーリズムに取り組む地域等の全国的なネットワークの構築
②スポーツツーリズムに関する地域プラットフォーム形成の支援
③国際スポーツ大会等の誘致・開催に関する協力、援助、提言
④スポーツを活用した旅行商品の普及および造成の支援
⑤旅行先におけるスポーツ活動の利便性向上のための環境整備、提言
⑥大学等と連携したスポーツツーリズム人材の育成、研修会の開催
⑦国内スポーツ情報の集約、国内外への情報発信、講演会・イベントの開催
⑧スポーツツーリズムの推進に関する調査研究、各種表彰・顕彰、イベント後援
⑨海外のスポーツツーリズム組織との交流、海外視察旅行の実施等

２０１２年に策定されたスポーツ基本計画には、新たにスポーツツーリズムに関する項目が加えられた。たとえば、第3章の「1　学校と地域における子どものスポーツ機会の充実」では、「(3) 子どもを取り巻く社会のスポーツ環境の充実」を推進する具体的施策展開として、「国は、旅行先で気軽に多様なスポーツに親しめるスポーツツーリズムを推進し、子どもにとって居住地域だけでは不足しがちなスポーツ機会を向上させる取り組みを推進する」(12ページ) とある。同じ第3章の「2　ライフステージに応じたスポーツ活動の推進」においても、「(1) ライフステージに応じたスポーツ活動等の推進」の

ための具体的施策展開として「国は、旅行先で気軽に多様なスポーツに親しめるスポーツツーリズムを推進し、ライフステージに応じたスポーツ機会を向上させる取り組みを推進する」（16ページ）とある。他にもスポーツツーリズムの人材養成（25ページ）やスポーツツーリズムによる国際交流（40ページ）に加え、「国及び地方公共団体は、例えば『地域スポーツコミッション等』の連携組織の設立を推進するなど、スポーツを地域の観光資源とした特色ある地域づくりを進めるため、行政と企業、スポーツ団体等との連携・協働を推進する」（30ページ）といった具体的な記載もある。

２０１７年1月現在、ＪＳＴＡには34の企業法人会員、24の公益法人会員、14のスポーツ団体、42の自治体が会員として登録しているが、今後は、Ｂ２Ｂの関係性を重視するステークホルダーマーケティングを展開し、会員組織間でのイベントやビジネスのマッチング機能を充実させていく予定である。たとえば、スポーツ用品メーカーとホテル、あるいはイベントのライツ（権利）ホルダーであるＮＦ（国内競技団体）と自治体といった具合に、互いのニーズを満たすことのできるお見合いの機会を拡充することが、会員サービスにとって重要である。

第5章　都市の活性化装置としてのスポーツコミッション

1　スポーツツーリズムの推進組織

スポーツツーリズムは、スポーツで人を動かす仕組みづくりを意味するが、デスティネーション（旅行目的地）となる都市や地域には、その仕組みを動かす専門の組織と人材が必要となる。それが、スポーツコミッションである。この組織は、スポーツツーリズムによって地域経済の活性化を目指す公的な組織であり、スポーツ合宿や大会、そしてその他のスポーツイベントの誘致・開催を行うなど、観光という文脈の中で、スポーツを触媒として地域に人を呼び込み、地域を活性化することを主たる事業とする。

フィルムコミッションとの類似点

スポーツコミッションの本質的な機能は、先輩格に当たる「フィルムコミッション」と似ている。すなわち、映画やドラマ、あるいはＣＭのロケーション撮影の場所を地域に誘致し撮影の支援を行う部署であり、地域ブランドの向上、ロケ隊の滞在による経済効果、そして映像文化の普及や人材の養成などを目的とする。日本初のフィルムコミッションとなった大阪フィルム・カウンシル（２０１１年に大阪ロケーション・サービス協議会から名称を変更）は、２０００年に14作品だった誘致件数を11年には１８８作品に伸ばすなど、大阪の映像資源を世界に向けてアピールする原動力となった。同カウンシルのホームページには、ロケ地としての大阪の魅力を、「大阪には、最先端の国際都市としての景観はもとより、アジアの街らしい賑わい、海、山、川、田園風景など豊かな自然、数多くの歴史文化遺産など、日本はじめ東アジアを想定したさまざまなシナリオに適うロケーションがコンパクトにまとまっております」[注1]と説明しており、タイや韓国のドラマや、インド映画がロケ地として大阪を選んでいる。

実際、ロケ地に選ばれる場所は、美しい自然の風景や重厚な歴史的建造物、あるいは賑やかな繁華街など、人を引きつける磁力を持つ観光地が多く、中国映画の「狙った恋の落とし方」（08年）や韓国で大ヒットしたドラマ「アイリス」（09年）などを見た多くの人が、外国人観光客となってロケ地の北海道や秋田県を訪問するなど、「スクリーン・ツーリズム」の火付け役となったことは記憶に新しい。

スポーツコミッションの機能も、本質的にはフィルムコミッションと同じであり、フィルムというコンテンツがスポーツに置き変わっただけであるが、スポーツが持つコンテンツ力は並外れて大きく、映画やCMよりも多彩で規模が大きい。スポーツイベントのように、多くの人が直接参加できる機会を提供してくれるコンテンツもあり、1回で終わるロケに比べ、継続的にイベントに参加するリピーターを確保しやすいという利点がある。

さらに、美しい自然や歴史的景観がなくとも、山岳地帯ではトレイルランニング、海や湖があればトライアスロン大会、そして道路があれば、マラソン大会やウォーキングイベントが開催できる。国際競技が開催できる一級のスポーツ施設があるに越したことはないが、普通のテニスコートがあれば、大学のサークルや市民テニスクラブの合宿誘致、そして車椅子テニス大会の開催も可能である。

スポーツコミッションの役割

スポーツコミッションの役割は、地域が保有するスポーツ観光資源をフル活用し、域外からスポーツイベントの参加者や観戦者、そして大会関係者をビジターとして受け入れることであり、スポーツイベントやトレーニングキャンプ（合宿）の誘致とともに、インセンティブとしての助成金の支給や施設利用手続きの相談、そして情報提供や広報活動等のサービス提供を一括して行う「ワンストップサービス」が事業の生命線である。

一つの例として、岐阜県に設立された「清流の国ぎふスポーツコミッション」を見てみよう。同組織では、大会誘致と合宿誘致という二つのカテゴリーに対する支援制度がある。前者は、スポーツ大会・イベントに対する経費を補助するもので、その中には、謝金、旅費、合宿費、施設使用料および賃借料などが含まれる。後者では、岐阜県が誇るナショナルトレーニングセンターの拠点施設である飛騨御嶽高原高地トレーニングエリアの利用者

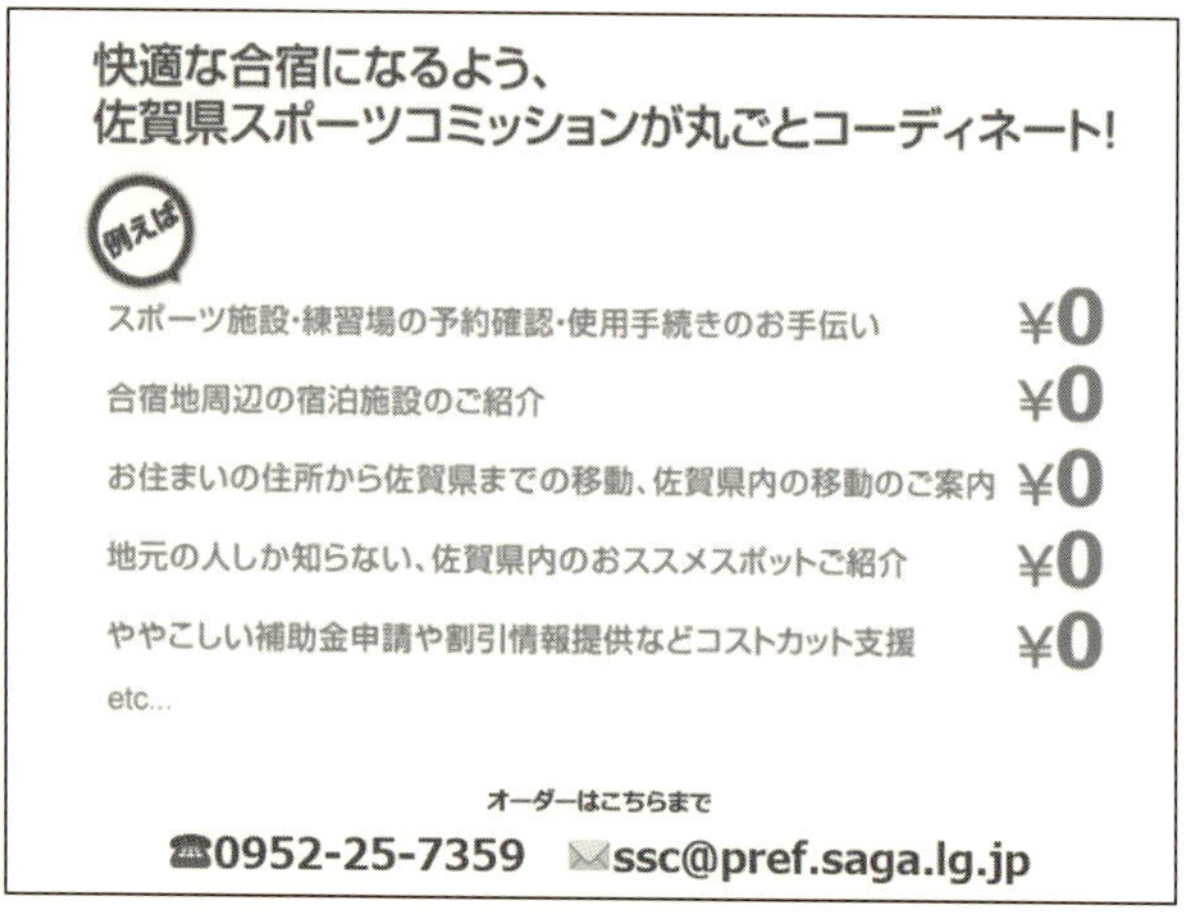

図表 5･1　佐賀県スポーツコミッションが行うサービス
注：佐賀県スポーツコミッション HP より引用　(http://www.saga-sc.jp/about)

に対しては、一人あたり上限5千円（1団体あたり上限百万円）が、それ以外のスポーツ合宿には、1泊上限2千円（1団体あたり上限50万円）が補助される。

「佐賀県スポーツコミッション」でも同様に、合宿やイベント誘致のための補助金制度があるが、それ以外に、大学生などが行うスポーツキャンプ・合宿の受入れ促進のため、送客に取り組む旅行会社に奨励金（延べ宿泊数×1千円）を支給するインセンティブ制度をスタートさせた。また同コミッションのホームページには、提供されるサービスの一覧が分かりやすく示されており、スポーツコミッションが行うべき仕事が網羅されている（図表5・1）。

スポーツコミッションの機能は、スポーツをどう活用するかという自治体の施策や組織の大きさと関係が深く、単なる合宿やイベントの誘致に留まらない、スポーツ振興やスポーツツーリズムに関する幅広い仕事が可能である。

2 アメリカのスポーツコミッション

全米スポーツコミッション協会

アメリカのスポーツコミッションは、その大部分が「全米スポーツコミッション協会」（NASC）に加入している。同協会は、1992年にオハイオ州シンシナティで設立された公益法人であり、12からスタートした会員数も、その後加速度的に増加し、2015年の会員数は727である。その中で最大のカテゴリーが、自治体や民間企業が中心となって国内外からの観光客や会議・イベント・展示会等を誘致する「コンベンション&ビジターズ・ビューロー（CVB)」で、208あり全体の28・6%を占める。

「スポーツコミッション」の名称を用いる組織は77あり、全体の10・6%を占める。組織形態は、「独立した非営利企業」「行政機関（市、郡、州)」、あるいは「CVBの一部門」のいずれかの形態に分類され、組織で働く職員の数は5名程度から150名程度と規模も大小さまざまである。名称は異なるが、スポーツコミッションと同じ機能を持つ組織として、「スポーツカウンシル」が9、「スポーツオーソリティ」が9ある他、「スポーツアライアンス」が4、「スポーツコーポレーション」が4、「スポーツファンデーション」が2、「スポーツプロモーション」が2、「スポーツディベロップメント」が1、「スポーツコングレス」が1ある。これらを合計すると109の独立したスポーツコミッションがあり、全体の15%を占める。

残りは、連盟や大学、そして関連企業である。さらに最近では、アメリカにおいて地域スポーツの振興を担う「パークス&レクリエーション」も事業の中にツーリズムを積極的に取り込んでおり、10の組織（たとえばGeorgetown County Parks & Recreation）が会員に名を連ねている。

スポーツコミッションの主な役割は、地域のスポーツ施設やボランティアといったリソース（資源）を最大限に活用したスポーツのプロモーションであり、イベントの企画・運営、マーケティング、そして地域経済の活性化に役立つスポーツイベントの誘致等を主な業務とする。それゆえスポーツコミッションは、地域固有の「するスポーツ」の振興とともに、「見るスポーツ」の活性化、そして企業とスポーツの健全な協力体制を推進する組織としての機能を持つ。

ベッドタックス

非営利法人として独立したスポーツコミッションの場合、自治体の補助金に加え、企業協賛やイベントの主催などによって収益を確保するビジネス的仕組みが必要とされる。そのためアメリカでは、自主財源を調達するさまざまな制度的仕組みが活用される。

その一つが、「ベッドタックス」であり、自治体がホテルの宿泊者に対して、宿泊費に上乗せして請求する観光税を意味する。アメリカのホテル税は、自治体がホテルに課税し、ホテル事業者から徴収するもので、宿泊税と観光税に分かれる。前者の税率は9～16％程度で、一般財源化されることが多い。しかし後者は、2～6％という低い税率であるが、観光振興の目的税として、使途が限定されている。ベッドタックスも観光税の一つで、他にリゾートタックスや観光産業改善税（TBIT：Tourism Marketing Improvement Tax）などと呼ばれる。

ベッドタックスは、自治体が一括して徴収し、その一部を、スポーツコミッションを含む観光関連団体の貢献度に応じて再分配するという仕組みである。たとえばフロリダのパームビーチ郡のスポーツコミッションは、２０１３年に１２８のスポーツイベントの誘致・開催・支援を行い、これによって18万泊の需要を生みだしたが、これに関するベッドタックスの一部が、パームビーチ郡スポーツコミッションに再配分される。

日本における宿泊税はまだ一般的ではないが、地方税法が認める「法定外税」の仕組みを用いて宿泊税を定めた例もある。たとえば東京都は、２００２年10月よりホテル税を導入したが、1万円以上1万5千円未満が百円、それ以上が2百円という少額で、これを地域全体の観光振興のために用いるスキームも存在せず、アメリカのベッドタックスの活用方法とは大きく異なる。

ただし、観光地の魅力を高める施策としての法定外税は、条例で導入が可能である。たとえば山梨県富士河口湖町が、釣り客から徴収する遊漁税を湖の保全に使う例や、北海道釧路市が、温泉客から徴収する入湯税を引き上げ、阿寒湖温泉の観光振興の財源に使う例もあり、特定の人や地域に絞って課税し、観光地整備の恩恵を受ける人から税を徴収することで、安定的な財源を確保することができる。将来はわが国でも、「観光マーケティング地区」(Tourism Marketing District) を定めたうえで、宿泊施設から2〜6%の観光税を徴収し、それを観光地としての地区全体の魅力度をアップするための財源とし、さらに多くの観光客を呼び込む仕組みを構築する必要がある。

ステイ・トゥ・プレイ・ポリシー

アメリカにはまた、スポーツコミッションが頻繁に活用する「ステイ・トゥ・プレイ・ポリシー」(Stay to Play Policy) と呼ばれるシステムがある。これは、イベント主催者が、イベント参加者が泊まるオフィシャルホテルを指定し、宿泊料金から一定の配分金を得るシステムのことである。スポーツコミッションは、主催もしくは支援するイベントへの参加者が宿泊するオフィシャルホテルを指定（限定）することで、一定の収益を獲得することが可能となる。

ステイ・トゥ・プレイ・ポリシーを効果的に活用するためには、スポーツコミッションとホテルの関係性が重要である。オフィシャルホテルリストを作成し、すべてのホテルが参加者のニーズに柔軟に合わせる必要があり、当該地域のホテルには、①イベント開催時にスポーツコミッションが設定した価格よりも宿泊費を安く設定しないこと、②イベント参加者からの直接予約を禁止すること、そして③もしイベント参加者から直接宿泊申請があった場合に、スポーツコミッションに対して適切なマージンを支払うことといった条件を徹底させることが必要である。

ただし近年、ステイ・トゥ・プレイ・ポリシーの乱用という問題が発生している。すなわち、スポーツイベント主催者が、参加者に対して一泊15－30ドルから40ドルもの追加料金をホテル宿泊費に上乗せして請求しているケースである。このポリシーの基本は、イベント運営を円滑にするための必要経費分の上乗せであり、イベント参加者に対する説明責任があるが、必要経費の範囲を逸脱したポリシーの乱用は、地域イメージの低下を生む危険な行為である。筆者が行ったＮＡＳＣ専務理事のダン・シューマッハ氏へのインタビューによれば、イベント参加者に対しては、オフィシャルホテルへの宿泊費に加え、1泊5ドル（シングル＆ダブルの部屋）もしくは10ドル（3人以上の部屋）程度の上乗せが現実的であり、参加者に対して上乗せした金額が何に使われるか（たとえば審判やスタッフの人件費等）を必ず説明する必要がある。[注2]

タックス・インクリメント・ファイナンシング

「タックス・インクリメント・ファイナンシング」（TIF：Tax Increment Financing）は、アメリカにおいて、地域開発の核となる大規模スポーツ施設の建設等で使われる資金獲得の方法である。たとえば、新しい球場建設を核とした大規模再開発プロジェクトでは、開発後に増える球場や商業エリアが生む固定資産税や事業税等の増収分を返済財源にして資金調達を行うことが一般化している。

ＴＩＦの特徴としては、①増税ではない（財産税率は不変）、②関係課税機関の期待税収を減少させるものではない（再開発が起こらなければ財産税の増収はない）、③再開発の受益者であるＴＩＦ地区内の固定資産保有者が納める財産税収増加分を利用しているため受益者負担の原則が成立している、④ＴＩＦをレバレッジに民間投資を呼び込みＰＰＰ（パブリック・プライベート・パートナーシップ）型再開発事業を展開することができる、⑤ＴＩＦ地区内の財産税収増加分を原資とするためスケールアウトの再開発が実施されない、等があげられる。[注3] 将来の増収分を返済資金にするという明快な論理が、地方政府がＴＩＦを活用する一要因にもなっている。スポーツコミッションは、都市のアリーナやスタジアム等の大型スポーツ施設の建設には直接関与しないが、建設後の施設を健全に経営するためのファンビジネスやスポーツイベントの誘致・開催に深く関わるケースが多い。

3　スポーツ先進都市さいたま市の試み

スポーツツーリズムに関心を寄せる地方自治体では、地域スポーツコミッションの設置に関心が高まっているが、その先駆けとなったのがさいたま市である。さいたま市は、山、川、森、海、温泉といった自然資源には恵まれないが、Ｊリーグに所属する浦和レッズと大宮アルディージャのホームタウンであるなど、スポーツに対する市民の関心が高く、入込観光客数に占めるスポーツ観戦者の割合が高いという特徴を持つ。このような環境のもと、健康で活力ある「スポーツのまち　さいたま」の実現を目指すため、２０１０年４月に「さいたま市スポーツ振興まちづくり条例」を制定し、生涯スポーツの振興とともに、スポーツを活用した総合的なまちづくりを推進している。

また２００９年11月に策定された、「しあわせ倍増プラン２００９」では、経済・雇用対策の一環として、「新たな観光客の獲得のためのスポーツコミッション創設」を、施策の柱の一つとして掲げた。そこでさいたま市は、新たなスポーツ観光市場の創造を目指して、スポーツコミッションを設立することを決め、２０１０年８月に、「さいたま市スポーツコミッション基本計画策定委員会」を発足させ、筆者が委員長を務めた。

日本初のスポーツコミッション

約1年後の2011年10月、日本初のスポーツコミッションである「さいたまスポーツコミッション」(SSC)が誕生した。さいたま市がスポーツコミッションを設置した目的は、スポーツ資源や観光資源を最大限活用し、スポーツイベントの誘致・開催を通じて、地域スポーツの振興と地域経済の活性化を図ることにあるが、その背景には、際立った観光資源がなく、明確な地域アイデンティティが不足するさいたま市を、〈旅の目的地〉とするための明確な理由づくりが必要であった。

域外から多くの人が参加するスポーツイベントはその理由の一つであり、イベントが持つ集客力を最大限活用するために、中央競技団体や大会主催者(ライツホルダー)と連携を取りながら、大会・イベントの誘致・開催の支援を行い、都市に来訪者(ビジター)を呼び込むという戦略を採用した。現在は、(社)さいたま国際観光協会の中にスポーツコミッションの事務局が設置されている。

さいたまスポーツコミッション設立の原動力になったのが、清水勇人さいたま市長である。スポーツによるまちづくりに強い関心を抱いていた清水市長は、拙著『スポーツイベントの経済学』(平凡社新書、2002年)に出会ったことをきっかけに、スポーツコミッションに対する関心を深めていく。埼玉県議であった時に、議員提案によって「埼玉県スポーツ振興のまちづくり条例」(2007年4月1日施行)を実現させ、その後、さいたま市長に転身した後も、前述の「さいたま市スポーツ振興まちづくり条例」を制定し、スポーツによるまちづくりの実現に向けた一歩を踏み出した。[注4]

さいたまスポーツコミッションは何をする組織なのか？

SSCのウェブサイト上に掲示された具体的なサービス内容は、**図表5・2**に示すとおり、「会場の確保・調整」「財政的な支援」「行政機関への調整と関連企業の斡旋」「写真の貸与」「PR／広報支援」の四つであるが、実際に行われた事業の概要は以下のとおり多岐に及んでいる。[注5]

①誘致支援活動：各種スポーツ団体に対する誘致セールスと、誘致に成功したスポーツイベントへの支援活動

②情報収集活動：日本スポーツツーリズム推進機構（JSTA）と日本スポーツマネジメント学会（JASM）との連携

③経済波及効果調査活動：スポーツイベント開催助成金を交付したスポーツイベント等への個別アンケートを実施、および経済波及効果を推計するためのデータの獲得

④主催・共催イベント：サイクルイベントである「2014ツール・ド・フランスさいたまクリテリウム Presented by ベルーナ」への共催と、ウォーキングイベントである「第3回さいたまマーチ」の主催

⑤広報宣伝活動：インターネットおよび各種広報媒体によるPR活動と、さまざまな展示会や商談会への参加

設立された2011年から2014年の間に、SSCが誘致したスポーツイベントの数は累計で116件、参加者総数は64万5千256人（選手関係者14万9千675人＋観客数49万5千581人）で、

経済効果は約２３３億５千９１０万円という数字であった。ただし、経済効果算出のベースとなった選手関係者数と観客数には、主催・共催事業の分は含まれておらず、あくまでＳＳＣが誘致・支援した大会の人数であり、域外からのビジターが基本になっている。これは、ＳＳＣがなければさいたま市にもたらされることがなかった効果である。

図表5･2　さいたまスポーツコミッションが行うサービスと内容

サービス	内容
会場の確保・調整	体育館、運動・公園施設など、公・民間施設確保のために必要な調整、会場使用案や使用申請書の作成などに対する支援
財政支援	市内で開催されるスポーツイベント等を対象とした開催規模等に応じた助成
行政機関への調整・関連企業の斡旋	・スポーツイベント等の開催に必要な許認可手続きなどの調整、埼玉県やさいたま市などの後援名義、知事・市長招請状の手配、並びに関連団体への橋渡し ・準備段階から当日の運営まで幅広くお手伝いできる地元企業、宿泊施設、飲食店その他必要な専門業者（公益社団法人さいたま観光国際協会会員業者）などの紹介
写真の貸与	さいたま市のPRに活用してもらうための大会パンフレットやサーキュラー用の各種写真の貸出
ＰＲ／広報支援	さいたまでのスポーツ大会・イベントに一人でも多くの参加者や観覧客を集めるための広報活動への支援 ・さいたま市記者クラブへの資料提供のお手伝い・代行 ・さいたま市周辺地域のフリーペーパー等への資料提供のお手伝い・代行 ・公益社団法人さいたま観光国際協会ホームページでの紹介。 ・公益社団法人さいたま観光国際協会運営の観光案内所でのチラシ配布やポスター掲出 ・さいたま市公共施設でのチラシ配布やポスター配布のご協力（市の後援名義の使用許諾を得たものに限る） ・さいたま市記者クラブへの資料提供のお手伝い・代行

さいたまスポーツコミッションが開催支援を行ったスポーツイベント

図表5・3には、平成26年度にSSCから支援を受けた39のスポーツイベントの中で、助成金が支給された21の「大会名」「主催者」そして選手・関係者と観客数を含んだ「誘客数」が示されている。図表より、年間を通じて多様なスポーツイベントが開催され、スポーツを通じて多くのビジターがさいたま市を訪問し、地域の活性化に役立っていることが分かる。

現在の日本では、東京五輪に向けて世界各国の合宿誘致に熱心な自治体が多く存在するが、重要なことは、年間を通したスポーツイベントの誘致であり、2020年に向けた、話題づくりが先行する単発的な合宿誘致には、リスクが多く含まれている。重要なことは、日常的なスポーツイベントや合宿に対する支援を通じて経験値を高めることであり、デスティネーション（旅行目的地）としての知名度を高める努力である。

さいたまスポーツコミッションは今後も、①特定競技やカテゴリー（種別）のメッカづくり、②ターゲットを明確にした誘致活動、そして③自然・都市環境を活かしたエコロジカルスポーツの振興といった戦略方針を掲げつつ、スポーツイベントの誘致・開催に向けた事業を展開する予定である。

ツール・ド・フランスさいたまクリテリウム

設立以来多くのイベントの誘致に成功してきたSSCであるが、その中でも特筆すべき最大のイベントが、2013年10月26日に開催された「さいたまクリテリウムbyツール・ド・フランス」（当時の正

図表5・3　平成26年度にさいたまスポーツコミッションから助成金が支給された誘致・開催・支援イベントの一覧

	大会名	主催	誘客数
1.	V・チャレンジマッチ	日本バレーボールリーグ機構	10,600 人
2.	第 19 回関東選抜交流軟式野球大会	関東軟式野球連盟連合会	1,367 人
3.	第 4 回関東カップ車椅子バスケットボール大会さいたま	関東車椅子バスケットボール連盟	1,330 人
4.	スポーツエアロビック 2014 埼玉オープン	公益社団法人日本エアロビクス連盟	584 人
5.	日本ランニングサーキット大会	公益社団法人日本バドミントン協会	5,040 人
6.	第 85 回都市対抗野球南関東大会	日本野球関東地区連盟	6,557 人
7.	第二回全国少年少女剣道祭	一般社団法人日本剣道振興協会	2,616 人
8.	第 39 回全日本クラブ野球選手権南関東大会	日本野球関東地区連盟	1,387 人
9.	第 7 回 Gas One カップ学童軟式野球選手権大会	関東軟式野球連盟連合会	2,634 人
10.	第 11 回 NPB CUP 選抜学童軟式野球選手権大会	社団法人日本野球機構	4,451 人
11.	第 4 回スポーツ吹矢関東オープン大会 in さいたま	埼玉県スポーツ吹矢協会	
12.	第二回大相撲さいたま場所	大相撲さいたま場所実行委員会	4,241 人
13.	第 4 回女子野球ジャパンカップ	一般社団法人日本女子プロ野球機構	7,724 人
14.	2014 少林寺拳法全国大会 in さいたま	一般社団法人少林寺拳法連盟	12,500 人
15.	日本女子プロ野球リーグ 2014 年間女王決定戦	一般社団法人女子プロ野球機構	1,956 人
16.	秋ヶ瀬の森バイクロア 4	バイクシティさいたま	6,488 人
17.	第 12 回ミニバスケットボール地域交流大会（さいたま CITY CUP）	さいたま市スポーツ少年団	2,000 人
18.	バトミントン日本リーグ 2014 さいたま大会	公益社団法人日本バドミントン協会	2,769 人
19.	高石杯第 49 回関東地域自転車道路競走大会	公益社団法人日本自転車競技連盟	453 人
20.	第 40 回全日本バトントワーリング選手権大会	一般社団法人日本バトン協会	6,063 人
21.	第 2 回中学女子軟式野球大会	埼玉県野球連盟	3,018 人

注：さいたまスポーツコミッション平成 27 年度総会資料より引用（平成 27 年 6 月 5 日）。誘客数は、選手・関係者＋観客。

式名称）であり、これによってさいたまスポーツコミッションの知名度は一気に高まった。このイベントは、ツール・ド・フランスの百周年を記念してフランス国外で行われる初めてのクリテリウム（周回レース）であった。前年に本場のツール・ド・フランスで優勝したクリストファー・フルーム選手の他、56名の著名選手（ライダー）が参加し、フランスの本大会の雰囲気を持ち込む祝祭的なイベントとなった。[注6]

ツール・ド・フランスは、1903年に産声を上げた世界最大の自転車レースであり、スタジアムやアリーナという巨大施設を使うスポーツビジネスとは異なり、ステージごとに多くの人間と機材がフランス各地を移動する巡業型のイベントである。2015年の大会では、21ステージから構成され、1チーム9人で構成された22チームが、全長3千5百キロのコースを競った。23日間にわたる長期間のレース開催中、4千5百人のスタッフが宿泊と食事をしながらステージごとに移動を繰り返し、2千4百台の車両がレースに追随する自転車に関する世界最大のイベントである。

さいたま市で開かれたクリテリウムは、本場のツール・ド・フランスの弟分にあたる周回レースで、フランス以外の国で初めて開催されるツール・ド・フランスの公式レースである。当日は約20万人の来場者があり、沿道で声援を送りつつ、サイクルフェスタや公式ショップでの買物、そしてフードコートである「さいたまるしぇ」での食事などを楽しんだ。筆者の研究室が毎年行っている、域外からさいたま市を訪れるスポーツツーリストを対象とした調査によれば、消費行動だけで、毎年約30億円の経済効果のあることが分かった。[注7]

4　全国で設立が進むスポーツコミッション

２０２０年の東京五輪大会の開催が決まって以来、外国チームの事前合宿（トレーニングキャンプ）の誘致を含め、全国的にスポーツツーリズムに対する関心が高まっている。その結果、多くの自治体が、スポーツイベントや合宿等の誘致を専門に行う地域スポーツコミッションの設立に向けて動き出した。

しかしながら、２０２０年東京五輪に限らず、自治体は中・小規模のスポーツイベントや合宿で使うことのできるスタジアム、体育館、テニスコート、武道館など多くの施設を所有している。地方に行けば、マラソンやサイクリング、ウォーキングのイベント会場として使える道路や林道、そして海、山、川、森といったアウトドアスポーツの資源を有している。要は、地域に眠るこれらの隠れた資源をどのように活用するかを、1日24時間考え続ける専従のスタッフがいるかどうか、もしくはスポーツコミッションのような部署があるかどうかが重要とされている。

スポーツコミッションの設立支援

スポーツコミッションの設立を後押しする動きは、観光庁やスポーツ庁においても徐々に顕在化している。観光庁は、２０１３年度に「将来的な商品化に向けた観光資源磨きのモデル調査業務」において、スポーツコミッション設立のための調査事業を実施した。事例調査の対象となったのは、札幌市（観光文化局スポーツ課）、青森県（教育庁スポーツ健康課）、新潟市（新潟市文化・スポーツコミッション）、金沢市（市民局市民スポーツ課）、宇都宮市（経済部観光交流課他）、三島市（産業振興部商工観光課）、和歌山県（上富田町スポーツ観光推進協議会）、鳥取県西部地区（鳥取県アウトドアスポーツ協議会）、松山市（産業経済部観光・国際交流課他）、佐賀県（くらし環境本部文化・スポーツ部スポーツ課）の10地域であり、その後、札幌市、新潟市、三島市、佐賀県にスポーツコミッションが設立された。

翌年の２０１４年1月には、日本スポーツツーリズム推進機構主催の「第2回スポーツツーリズムコンベンション」（大阪国際会議場）において、スポーツコミッションの設立に関心を持つ36の自治体・団体が参加する「第1回スポーツツーリズム全国連絡協議会」が立ち上がり、スポーツコミッション設立に向けた機運が全国に広がった。

さらに２０１５年度には、文部科学省が地域スポーツコミッションによる「スポーツによる地域活性化事業」（新規）を実施し、これに呼応するように、北海道上富良野町の十勝岳スポーツコミッションや、岡山県美作《みまさか》市の美作国スポーツコミッションが立ち上がったが、今後は、補助金のような外発的な力の利用だけでなく、それを呼び水とした内発的な力による組織づくりが重要となる。

現在のスポーツコミッションの設置状況

図表５・４は、２０１５年現在、全国に設置された主なスポーツコミッションの一覧であり、四つのタイプに分けられる。第一は、市が設置するもので、さいたま市の「さいたまスポーツコミッション」や

新潟市の「新潟市文化・スポーツコミッション」がこれにあたる。第二が県レベルでの設置で、「佐賀県スポーツコミッション」や「あいちスポーツコミッション」、そして「清流の国ぎふスポーツコミッション」などである。第三は広域連携のタイプで、関西広域連合をベースとした「スポーツコミッション関西」が例の一つである。[注8] そして4番目のタイプとしてNPOがある。

前述のように、2020年の東京五輪や2019年のラグビーワールドカップ大会に

図表5・4　全国に設置されている主なスポーツコミッション

タイプ	自治体名	組織名	設立年
市レベル	さいたま市	さいたまスポーツコミッション	2011
	新潟市	新潟市文化・スポーツコミッション	2013
	十日町市	十日町市スポーツコミッション	2013
	松本市	松本スポーツコミッション	2013
	宇部市	宇部市スポーツコミッション	2014
	仙台市	スポーツコミッションせんだい	2014
	前橋市	前橋スポーツコミッション	2015
	三島市	三島市スポーツ・文化コミッション	2015
県レベル	佐賀県	佐賀県スポーツコミッション	2013
	愛知県	あいちスポーツコミッション	2014
	岐阜県	清流の国ぎふスポーツコミッション	2014
	沖縄県	スポーツコミッション沖縄	2015
広域連携	関西エリア	スポーツコミッション関西	2012
	盛岡8市町村	盛岡スポーツツーリズム連絡協議会	2015
	静岡県	西部・中部・東部地域スポーツ産業研究会	2013
	鳥取県	鳥取県アウトドアスポーツ協議会	2013
NPO法人	(御殿場市)	ふじさんスポーツコミッション協会	2014

注：2016年には長野県、札幌市、秋田県由利本荘市、金沢市などが設立を計画中である。

向けて、自治体では合宿や大会誘致の熱が高まりを見せているが、スポーツコミッションの真の役割は、合宿や大会誘致に留まらず、それらの事業を触媒とした地域の活性化やまちづくりといった「地域のマーケティング」にある。

スポーツコミッションは必要か？

筆者の研究室では2011年に、株式会社電通ソーシャルプランニング局と共同で、全国の150自治体（47都道府県、20政令市、43中核市、40特例市）のスポーツ部門と観光部門を対象に、全国自治体のスポーツ施策イノベーション調査を実施した。当時は（一社）日本スポーツツーリズム推進機構が本格稼働する前で、スポーツコミッションの認知度も低く、必要性を感じている自治体もそれほど多くはなかった。実際、2011年の時点で、スポーツコミッションについて「言葉もその内容も知っている」と答えた自治体は、スポーツ部門と観光部門をあわせてわずか16・0％という低い数字であった。しかしながら3年後の2014年に、同じ150自治体を対象として実施した追跡調査では、スポーツコミッションの認知度は43・2％へと急速な高まりを見せた。[注9]

次にスポーツコミッションを「必要である」とした自治体は、スポーツ部門において2011年の34・9％から2014年の55・6％へ、観光部門において25・7％から40％へとそれぞれ倍増した（図表5・5）。これを自治体区分で見てみると、「都道府県」のスポーツ部門が45・5％から67・6％へと急伸した一方、「政令指定都市」では50・0％から56・3％へと微増傾向であった。これはさいたま市の事例等を相互参照によっていち早くキャッチしており、情報の浸透が早かった分、微増であった可能性が高い。その一方で、もっとも大きく伸びたのが法定人口20万人以上の特例市で、17・9%から51・7%へと3倍に増加した。

観光部門では、都道府県が30・6%から47・1%へと増加する一方、政令指定都市では、14・3%が42・9%と3倍に急伸するなど、2020年の五輪開催に向けて、スポーツイベントや合宿誘致に関心を持つ自治体が増えたことが原因である。

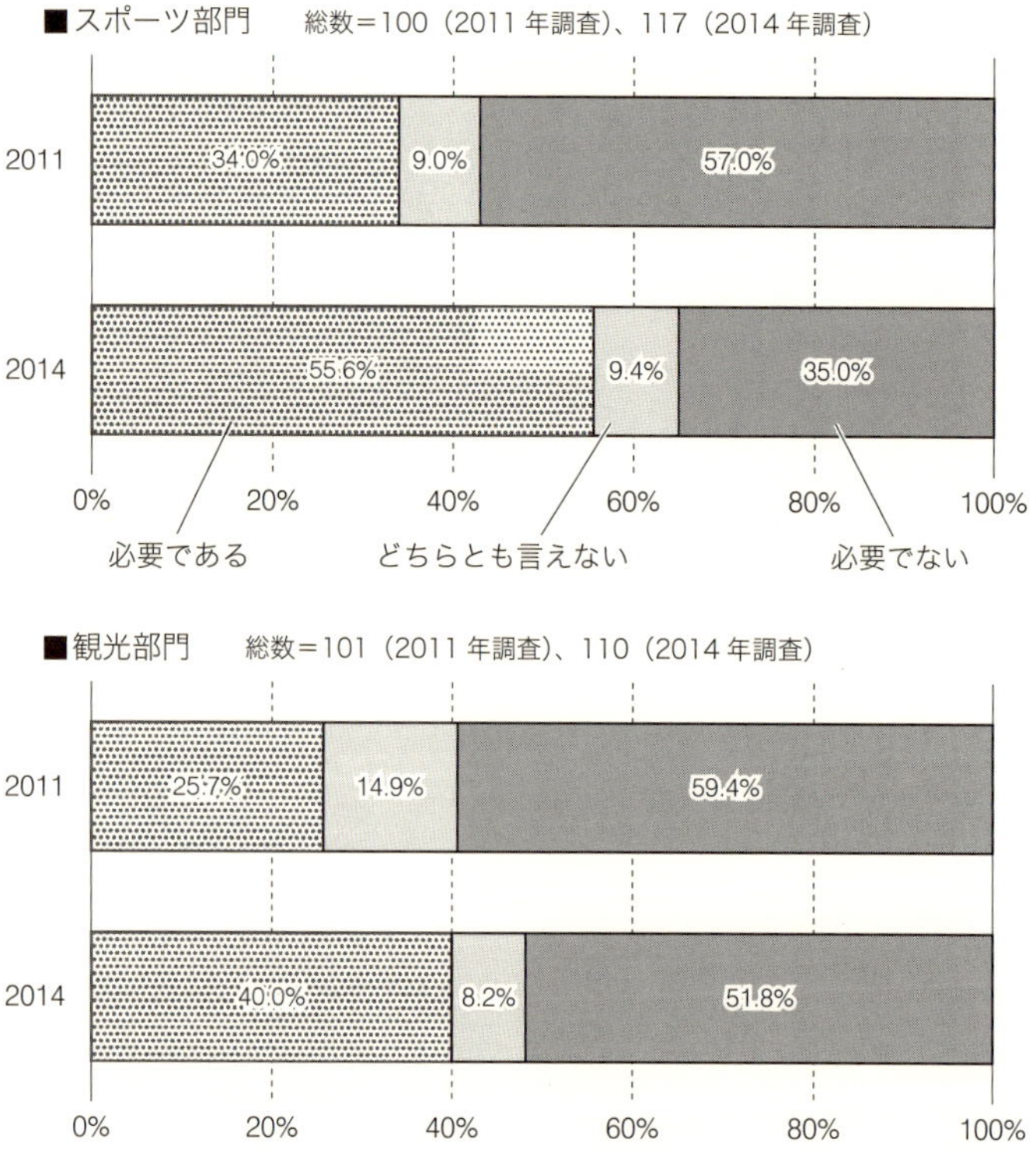

図表5・5　スポーツコミッションを必要と考える自治体の増加：2011年調査と2014年調査の比較（原田宗彦「地方自治体におけるスポーツ施策イノベーション調査報告書」平成26年度科学研究費調査報告書より引用）

5　スポーツによる誘客の促進

スポーツコミッションが都市のために果たす役割は多様であるが、ベースになるのは、スポーツによる誘客の促進であり、スポーツへの参加、スポーツの観戦、そしてスポーツの応援といった、人がスポーツで動く「理由づくり」である。実際、先の調査でも、自治体がスポーツコミッションに期待する機能として、スポーツ部門において、多い順から「スポーツイベントの誘致」（67・7％）、「スポーツによる誘客促進」（60・0％）、「地域のスポーツ情報発信」（52・3％）がトップ3であった。その一方観光部門においては、「スポーツによる誘客促進」（84・1％）が断トツのトップで、「スポーツイベントの誘致」（77・3％）と「地域のスポーツ情報発信」（50・0％）が続いた。繰り返すように、スポーツで人が動く仕組みをつくるのが、スポーツコミッションの仕事である。

スポーツコミッションに課せられる新しい役割

通常、スポーツに関する教育と研究に従事する人たちは、スポーツは重要であり、かつ「生業にするにふさわしい」価値あるものであると信じている。ただその考えが盲目的に強くなると、世間一般の常識と乖離が生まれる。たとえば最近良く言われる「スポーツの力」（power of sports）である。体育やスポーツが持つ教育的かつ感動的なパワーは、皆が認めるところであるが、それが社会的、政治的、経済的なパワーとして社会に認められているとは言いがたい。

たとえば経済的なパワーであるが、これまでのスポーツに地域経済を動かす力はなかった。青少年の健全育成、生活の質（ＱＯＬ）の向上、健康維持・体力づくりといった「するスポーツ」を基調としたスポーツ振興の目的は、学校教育や健康福祉政策において不可欠な要素であっても、地域経済の活性化という視点に立てば、政策的な優先順位は低かった。スポーツに地域経済を動かす力が備わったのは、第1章で述べたスポーツ産業のハイブリッド（異種混合）化が進展し、地域密着型プロスポーツやメガ・スポーツイベント、そしてスポーツツーリズムといった新しいビジネス領域が出現し、地域経済の活性化を促すスポーツの〈触媒力〉（catalytic power）が認知されるようになってからのことである。

本章の主題であるスポーツツーリズムも、ハイブリッド化した産業の一つであり、運輸業、宿泊業、通訳業、娯楽業、レンタル業、旅行エージェント業、スポーツ用品業そしてスポーツ団体といった異なる産業やビジネスの混合によって成り立っており、「スポーツで人を動かす」ことを事業の本質とする新しいスポーツのカタチである。そしてスポーツの産業化とスポーツツーリズムの発展は、政策としてのスポーツの優先順位を高め、「スポーツとまちづくり」、あるいは「スポーツによる地域経済の活性化」といった新しい施策テーマを生むにいたった。

スポーツによる地域イノベーションの誘発

ブランド力と観客動員力のあるスポーツは、ときにイノベーション主体として、地域に変革をもたらす。地域イノベーションとは、「新たな技術やアイデアの創出によって、社会的意義のある新たな価値を創造し、地域に大きな変化をもたらす自発的な人・組織・社会の幅広い変革」[注10]と定義される。すなわち、地域に変革を起こすインパクトのある新しい創造や創案（creation）であり、新たな価値創造を生むスポーツに関係した新しい産業、新しいサービス、新しい組織、新しい制度である。

スポーツの場合、大規模スポーツイベントの開催や大型スポーツ施設の建設といった外発的な力や、地域密着型のプロスポーツの創設といった地域住民が主体となる内発的な力によって地域イノベーションが誘発されるが、両方の力が統合され、大きな地域イノベーションが生まれたのが新潟県である。

新潟県は、２００２年のＦＩＦＡワールドカップ大会の開催にともなってスタジアム（現デンカビッグスワンスタジアム）を建設し、そこをアンカーテナントとするＪリーグの「新潟アルビレックス」は巨大なファン集団を誕生させ、地域に大きなイノベーションを誘発させた。さらに２００９年の第64回国民体育大会の開催に向けて本格的な野球場（現ハードオフエコスタジアム）を建設し、野球の独立リーグであるＢＣ（ベースボールチャレンジ）リーグに所属する「新潟アルビレックス・ベースボールクラブ」が本拠地として利用している。

一連の大規模スポーツ施設の建設とプロスポーツの活性化により、新潟に付着した「裏日本」や「豪雪地帯」という暗いイメージは一新され、今では、スポーツ観戦という新しい価値と文化が定着した。

新潟市文化・スポーツコミッションの試み

新潟市におけるスポーツの潜在力をさらに高め、スポーツイベントの大会誘致や主催者支援に加え、観光連携活動を強化するために設置されたのが「新潟市文化・スポーツコミッション」である（図表5・6）。国土交通省の「国内スポーツ観光活性化調査事業報告書」[注11]によれば、スポーツツーリストの約7割が訪問地域の観光を楽しみたいという期待を持っており、新潟市文化・スポーツコミッションは、これを具現化すべく、大会開催情報の共有化と地域一体となったホスピタリティによって大会参加者の満足度向上を目指すために、交通事業者、宿泊施設、飲食店、旅行会社、物産・土産等とのネットワーク構築を中心とする事業モデルを構築した（図表5・7）。

事業モデルに沿って新潟市文

図表5･6　新潟市文化･スポーツコミッションの案内

化・スポーツコミッションが実践したのが、アルビレックスの試合を観戦に訪れるアウェイサポーターの誘客事業である。2014年の春から夏にかけて、アルビレックスのホームの試合を次節に控える三つのJ1リーグ・クラブ（名古屋、大宮、川崎）のホームゲームにおいて、それぞれのチームのサポーターに対し、次節で対戦する新潟の観光資料を配布した。その中には、観光案内や飲食店街の割引情報、そしてコシヒカリの引換券やアンケートが入っており、翌週の新潟での試合において、アンケートの回収とお米の引き

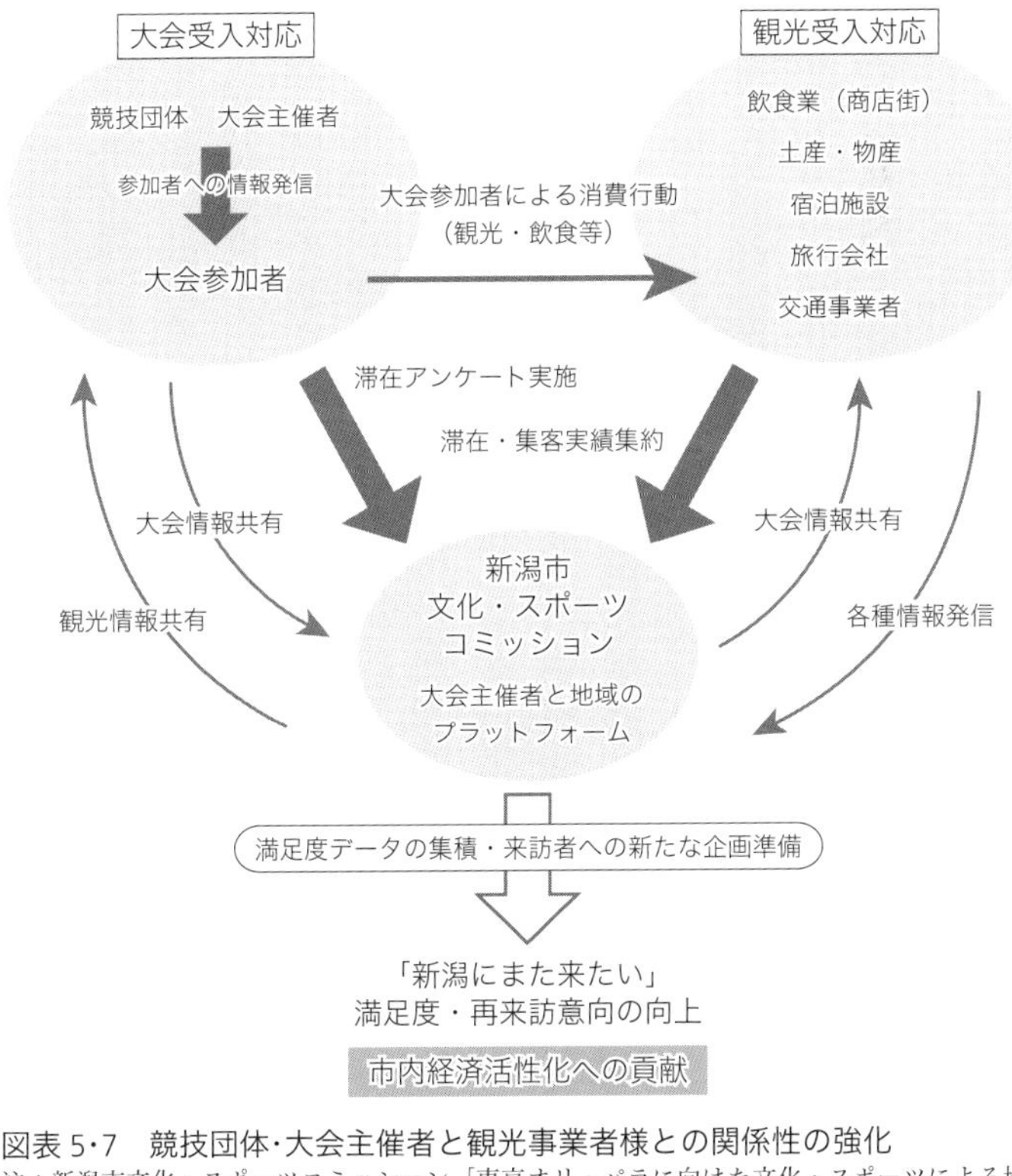

図表 5･7　競技団体･大会主催者と観光事業者様との関係性の強化
注：新潟市文化・スポーツコミッション「東京オリ・パラに向けた文化・スポーツによる地域連携セミナー」2015 年 1 月 31 日配布資料より作成

換えが行われた。アンケートの結果、名古屋サポーターの53％、川崎サポーターの83％、大宮サポーターの70％が宿泊をともなう観戦旅行を行い、今後のサービス向上に向けた貴重な意見や、配布された観光情報やインセンティブが試合後の新潟観光に役立ったなど、高い満足度を示すコメントも多く寄せられた。

この事例が示すように、スポーツコミッションの役割に決まった形はない。設置された地域の状況や都市の目標に応じて、さまざまなアイデアを実行に移すことが重要である。実際、地域や都市を活性化するためのアイデアは無尽蔵であり、スポーツイベントの誘致・開催に関してもオプションは無限に広がっている。

第6章　スポーツに親しむまちづくり

1　スポーツと親和性が高い都市とは？

スポーツとの親和性が高い都市とは、スポーツが重要な政策課題とされ、すべての住民やビジターが、「する」「見る」「支える」スポーツに積極的に関与できる機会に満ち溢れた都市のことである。１９７５年、欧州評議会が「ヨーロッパ・スポーツ・フォー・オール憲章」を採択して以来、スポーツを、「すべての人が享受できる基本的人権」とする考え方は世界に普及したが、日本の場合、この思想が具体的な形でまちづくりや都市計画に反映されたケースは少ない。

１９６４年の東京五輪で行われた都市開発がそうであったように、日本では、経済を最優先し、無駄を排除する20世紀型の都市計画が主流で、景観や環境、そしてスポーツといった快適な生活空間づくりは副次的な課題であった。アレックス・カー[注1]は『ニッポン景観論』の中で、「日本は電線・鉄塔の無法地帯」という表現を使い、先進国の中で電線の埋設が一向に進んでいない日本の状況に疑問を呈している。第7章でも詳述するように、日本の無電柱化率は先進国の中でも際立って低く、２０１３年度末の時点で東京が5％、その他の都市がほぼ１％前後という状況である。その一方で、ロンドン、パリ、ボンといった欧州の都市、そして香港、台北、シンガポールといったアジアの都市でも百％近い無電柱化率が達成されている。

実際、歩道に突き出た電柱は、スムーズな歩行や移動の障害になる。電線と電柱が乱立する都市においては、歩行者のみならず、車椅子やベビーカーが自由に行き来することはむずかしい。さらに秩序なく空中に張り巡らされた電線は、醜悪であり危険でもある。ひとたび地震が襲えば、電柱が倒れ、切れた電線は凶器となって家屋に火を放つ。歩道から電柱が撤去されることにより、景観の改善と防災面の強化が実現されるとともに、歩く、走る、移動するといった街路を使った身体活動の自由度が高まるのである。[注2]

アクティブライフスタイルが定着する東京

人口の一極集中が進み、混雑と渋滞で運動するにも一苦労という印象が強い東京であるが、東京都民のスポーツ参加率は毎年向上している。東京都生活文化局が毎年行っている「都民のスポーツ活動に関する世論調査」（2015年2月）によれば、2007年に39・2％だった週1回以上のスポーツ参加率は、2014年には60・5％と、わずか8年間で1・5倍に増えている。筆者が記憶するかぎり、世界の先進都市においても、これほど短い期間に住民のスポーツ参加率が急上昇したケースはない。

ただし、もっとも高い参加率を誇るスポーツ活動は、ルールと勝敗があり、激しい大筋活動をともなうサッカーやバレーボールなどの競技スポーツ種目ではなく、都民が気軽に参加できる健康づくりのための「ウォーキング・散歩」であり、この1年間の参加率は、2011年の56・5％から2014年の70・2％へと4年間で13・7％増加した。その背景には、都民の健康意識の高まりがあるが、2007年に始まった東京マラソン大会がトリガー（引き金）となった「マラソン・ジョギングブーム」の影響もあるだろう。実際「ランニング（ジョギング）」のこの1年間の参加者も、2011年の11・8％から15・0％へと、3・2％の増加を見せている。

その中で興味深いのは、スポーツ・運動を行った場所である。どこで行ったかという質問に対しては、70・8％が「道路や遊歩道」と答えており、2011年調査の53・0％から4年間で17・8％の伸びを示している。2番目に多いのは広場や公園（29・2％）であり、3番目に民間のスポーツ施設（25・9％）が続く。さらに「サイクリング、モーター（サイクル）スポーツ」の参加者も4年間で10・7％から13・4％に参加率を伸ばすなど、道路や歩道、そして広場や公園といった日常の生活空間が、スポーツを楽しむ都民にとって重要な役割を果たしていることが分かる。実際、日曜日の午後の都心は、車が少なく、自転車の移動は意外に楽である。電柱が地中化され、街路の整備が進み、緑が多いビジネス街などは、格好のジョギングやウォーキングのコースでもある。

ここで強調したいのは、東京都が、新しいスポーツ施設の建設や補助金の導入をすることなく、街路を使うスポーツや運動によって参加率を大きく伸ばしたという事実である。東京都は、2020年までに週1回以上スポーツに参加する都民の割合を70％に引き上げる計画を策定したが、今後、電線の地中化や歩車道の段差解消、そして自転車専用道路の設置など、身体を動かしたくなるまちづくりに向けた戦略的なスポーツ都市計画が起動しないかぎり、スポーツ参加率をさらに向上させることは困難である。

アクティブライフを支える都市

スポーツや運動をする人にやさしいまちとは、日常生活において、市民が手軽にスポーツに親しむことができる環境が整っており、年齢やハンディキャップに関係なく移動が快適なバリアフリーの都市である。しかしながら今の日本において、爽やかに汗を流し、深く息を吸い、景色を楽しみながら歩くことのできる空間は限られている。都市の公園では、ボール投げやサッカーなどのボール遊びが禁止され、池にはフェンスが張り巡らされ、歩くことがおっくうになる車最優先の「車道」が延々と続く。遊ぶ、歩く、走る、投げる、打つ、競う、呼吸する、汗を流す、交わる（集う）、興奮する、爽快感を得る、リラックスする、休息するといった、スポーツにまつわる身体文化と多彩な関係を生みだす「仕組み」や「装置」が、わが国の都市には欠けているのである。現代都市には、スポーツをする施設からスポーツを見る施設、そして自然の景観を楽しみながら歩く街路まで、人間が快適に、そして健康的に暮らすためのアクティブライフを支える都市環境が不可欠である[注3]。

２０２０年は、東京でオリンピックとともにパラリンピックが開催される年で、身体にハンディを持つ多くの選手や関係者が日本を訪問する。２０２０年に向けて、都市のバリアフリー化は喫緊の課題であるが、身近なところでは、都市の歩車道の段差解消が必須である。これによって車椅子を使うアスリートの移動をスムーズにするだけでなく、キャリーバッグを引いて移動する観光客の利便性も向上する。街路だけでなく、全国的な規模で、移動の拠点となる駅や空港、そしてバスターミナル等とともに、車両や航空機等のバリアフリー化をさらに推進する必要がある[注4]。

その中で見過ごされがちなのが、繰り返し述べる電線の地中化問題である。歩道に突き出た電柱は、スムーズな歩行の障害になり、美しい景観を阻害する要因にもなっている。現在、都心部の無電柱化は徐々に進み、部分的な景観は大幅に改善されたが、メインストリートを外れ下町に入ると、そこには乱雑とした空間が広がっている。歩道から電柱が撤去され、街路が無電柱化されることにより、景観の改善と防災面の強化とともに、車椅子の移動、街歩き、ウォーキング、ジョギングがスムーズになるなど、健康志向のまちづくりにとって大きな利点が生まれる。

健康志向の高まり

アクティブライフスタイルを導く「健康志向」は、東京都だけでなく全国的な広がりを見せている。日本政策投資銀行のインターネット調査（２０１３）によれば、２００８年の調査開始以来、最高値となる46・３％が健康志向と答えており、70歳代に限れば70・５％という高い数字になっている。さらに『レジャー白書２０１２』（公益財団法人日本生産性本部）によれば、男女別、年齢別の余暇活動における「健康志向」の割合では、シニア層の60歳代以上において、男性が50・９％、女性が51・７％と、世代の中でもっとも高い比率を示した。

レジャー白書で示された健康志向とは、余暇活動に関わる商品やサービスにおいて、健康によく、健康に配慮してくれる商品やサービスを選び、かつ健康や体力の向上を目的とする余暇活動を行う前向きな態度を意味する。街路や歩道、あるいはフットパス（歩く小道）を利用して手軽にできるウォーキングや散歩などは、シニア層の健康維持には必須のアイテムである。[注5] それゆえまちづくりにおいても、高齢者を含むすべての住民が、気軽に、そして楽しくスポーツや運動に参加したくなる、「内発的な動機づけ」を誘発する都市環境の整備が重要となる。

2　スポーツや運動を誘発する都市環境

スポーツや運動への参加は、後述する「建造環境」(built environment)や「自然環境」、そして「社会環境」とともに、居住者の性別、年齢、能力、動機といった「個人的要因」に影響を受ける。緑豊かで、快適に歩き、走ることのできる公園や街路、そして施設が整備されているコンパクトな都市では、住民のスポーツや運動への参加が比較的容易になる。反対に、施設がなく、犯罪の恐れがあり、空間の快適性に欠けるなど、スポーツや運動をまったく誘発しない都市環境も存在する。

冒頭で紹介した東京都の事例が示すように、運動やスポーツを行う場所の多くは、日常生活空間の延長線上にある街路や歩道である。それゆえ、スポーツに親しむまちづくりにおいては、参加バリアーの低い、軽度な運動を誘発する快適なモビリティ環境づくりが重要となる。

スポーツに親しむまちづくりを推進する環境条件

図表6・1が示すのは、スポーツに親しむまちづくりを推進するうえで考慮すべき諸点を、五つのレベ

ルを用いて包括的にまとめたものである。まず「個人」のレベルでは、生物的・心理的スキルレベルが重要となる。その周りを取り囲む、住民が日常的に活動する学校、レクリエーション、家庭、交通（トランスポーテーション）を含む4つの「身体活動領域」は、さらにその周りの「社会・文化環境」における社会的規範やソーシャルサポートといった、目に見えない価値や規範、そして社会的制度の影響を強く受ける。すなわち、コミュニティ全体が、スポーツや運動に対してポジティブな価値観を共有するかどうかによって、

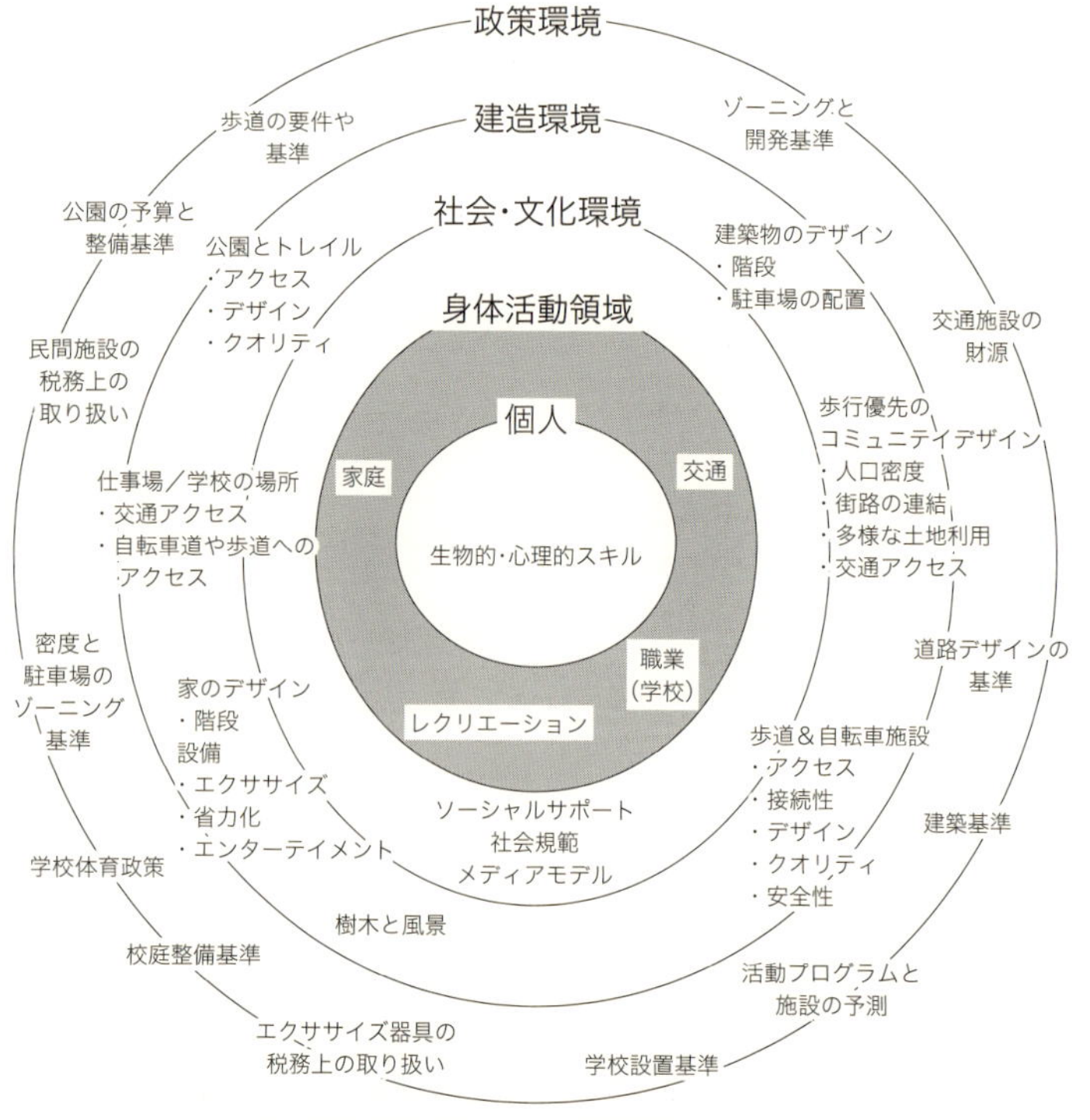

図表 6･1　4つの身体活動領域を取り巻く環境条件
(Sallis,J.F.,Cervero,R.B.,Ascher,W.,Henderson,K.A.,Kraft,M.K.,Kerr,J. "An active approach to creating active living communities." Annual Review of Public Health, Vol.27:297-322, 2006. に加筆修正)

スポーツや運動への取り組みは大きく異なるのである。

次の「建造環境」は、日常生活において、アクティブなライフスタイルを誘発する空間システムであり、可視的な地物《ちぶつ》として、地表に刻み込まれたあらゆる建築物のことを意味する。スポーツ行動の誘発という点からみれば、公共・民間のスポーツ・レクリエーション施設、自転車専用道路、ジョッギングに適した街路やトレイル、そしてフットパスなどの自然歩道など、運動に適した生活環境の構造が重要となる。もっとも外側に位置する「政策環境」は、ゾーニング（土地の用途別区分け）、開発、税務、建築基準、財源など、建造環境に影響を与えるまちづくりの政策に関する領域であり、すべての環境条件に影響を及ぼす。

身体活動に適した近隣環境

スポーツに親しむまちづくりにとって大切なことは、日常生活空間とスポーツの親和性である。スポーツや運動（エクササイズ）に親しむためには、テニスコートや体育館のような公共・民間のスポーツ施設だけでなく、ジョギングやウォーキング、あるいはレクリエーション活動を楽しむことのできる歩道や街路、そして広場のような空間が必要となる。これに交通量の少なさやアクセスの良さ、そして緑の多さ等の環境条件が加われば、スポーツや運動を行うためのチャンスやモチベーションが高まる。それゆえ、「身体活動に適した近隣環境」をどのように整備するかが、まちづくりにおける重要な視点となる。

近年、住民にとって身近な空間である「近隣」(neighborhood) が、どのように健康やライフスタイルに与えるかを探る試みが活発化している。埴淵知哉[注6]によれば、近隣環境には、物的環境と社会環境があり、前者は地形や植生を指す「自然環境」と、人の手によって作られた「建造環境」に区別される。たとえば都市における公園は、近隣住民に散歩やスポーツの機会を提供する建造環境であり、良好な身体活動環境とみなされる。

実際、スポーツやレクリエーション施設の近さや、認知されたアクセスの良さが、身体活動にプラスの影響を与えることが明らかにされている。健康づくりの視点から見ても、アクティブな生活には、アクティブなライフスタイルを誘発する生活環境が必要である。犯罪が多発し、緑がなく、スポーツ施設もない殺伐とした建造環境では、街路で運動やスポーツしようとする気持ちさえ芽生えない。その一方、緑が豊かで景色が良く、車を気にせず自転車に乗れ、気軽に野山を歩けるフットパスや歩道があれば、アクティブな生活を送ることが可能となる。ただ日本の場合、近隣公園の数は増えたものの、その多くがアメリカのポケットパークのように規模が小さいため、野球禁止、ボール投げ禁止、サッカー禁止など、安全を重視するあまり、球技に対して過剰な規制がかけられているのも事実である。

緑と健康に配慮した都市空間の整備

運動習慣と健康についいては、多くの研究によって、歩行やジョギングが生活習慣病の改善に役立つことが実証されてきたが、歩行や運動を誘発する環境に関する研究はまだ十分ではない。その一方、我々は緑豊かな環境が人の心を穏やかにし、ストレスを軽減し、心理的に最適な状態（Well-being）をつくりだすことを経験的に知っている。

植物の存在と身体の健康の関係について研究を行ったウルリッチは、手術後の患者の回復に緑豊かな自然の風景がどのような影響を与えるかについて実験を行い、毎日人工的な壁を見て過ごす患者よりも、窓から自然の風景を見て過ごす患者の回復が統計的にも有意に早いことを発見した。[注7] この実験結果は雑誌「サイエンス」（1984年4月号）に発表され、植物の鑑賞が患者の病気回復にポジティブな影響を与えること実証した。その後ウルリッチとパーソンズは植物（ベジテーション）とストレスの関係についての研究を発展させ、植物のある風景が心理的・身体的な最適状態を生むことに効果があり、健康にもポジティブな影響を与える事実を指摘した。このような指摘は、実験においても証明されており、視覚内にある植物の存在が、血圧や筋肉の緊張といった生理学的指標で示されるストレスの軽減に効果のあることが分かった。[注8]

緑と健康に関する指摘は、多くのレジャー研究にも見られ、大自然の中におけるレクリエーション経験がストレス軽減といった心理的効果や健康の回復に役立つ一方、緑の少ない人工的な環境のもとで生活している人々の健康状態が、日々の生活で生じるストレスの長期的な蓄積によって阻害される可能性を含むことが示唆されている。そこで重要となるのは、緑の多い環境を実現するための、段階を追った都市空間の整備である。

これについて飯島健太郎は、活力ある地域の創成に向けて、すべての住民が積極的な活動に参加できる緑豊かな環境づくりが必要であると述べ、次の三つの段階に沿った都市空間の整備を指摘した。第一は、緑地空間の整備で、これによって物理的（騒音や暑熱）、化学的（大気汚染）、生物的（花粉やウィルスの感染）なストレスを緩和する。第二は、緑化が無味乾燥な都市空間に安心感や潤い感をもたらすように、デザインや自然生物の生息に配慮をする。そして第三の段階とは、「人間が快適に歩行したり運動したりすることを可能にする空間形成である」と述べ、「緑陰を形成する樹木のある広場や通り、彩り豊かな花が咲き乱れるアプローチ、軽いスポーツを自然と行いたくなるような芝生広場など、人の動作を無理なく促すような空間形成は都市生活者の運動不足がもたらす各種ストレスの緩和と健康維持のためにも重要な仕掛けとなる」と提言している。[注9]

緑豊かな住環境と平均寿命

緑豊かな住環境が、住民の平均寿命に関係があることも指摘されている。少し古いが、2008年4月に厚生労働省が発表した「2005年市区町村別生命表」では、横浜市青葉区が、男性が81・7歳で全国1千962市区町村）で第1位に輝いた（女性は88・0歳で第7位）。その後実施した区民意識調査（2008年6月、16歳以上の男女3千人の無作為抽出）によれば、「青葉区が長寿のまちである要因」について尋ねたところ、もっとも回答が多かったのが「健康づくりに関心があり、実践している住民が多いから」（43・50％）であり、続いて「医療、福祉施設等の社会基盤が整っており、安心して暮らせるから」（43・20％）と「公園や緑などの自然環境に恵まれているから」が続き（39・60％）、住んでいる場所の近くに緑があるかないかが、重要な役目を果たすことが分かった。

また、東京都内に住む75歳以上の高齢者（3千144人）の居住空間に緑があるかないかを調べ、5年後の健康状態を追跡した調査では、近くに緑がある場所に住んでいる人は、存命率が1・03倍から1・24倍高いことが実証された。この結果は、寿命に関わる年齢、病気の有無、経済水準と言った他の要因を取り除いても変わらなかった[注10]。

カナダのトロントでも、街路樹が健康増進に与えるポジティブな影響について研究が行われた。シカゴ大学の研究チームが2014年に行った研究では、トロント市内の街路樹53万本の分布状況と、住民の健康に関するオンライン調査の結果を比較し、街路樹が1街区あたり10本増えると健康状態の自己評価が向上し、1世帯あたりの年収が平均1万ドル増加、もしくは7歳若返るのに相当する効果があったと報告されている[注11]。

これらの事実は、緑の多い空間がアクティブな生活習慣の形成を促し、それが寿命の長さにつながる可能性を示唆するものである。さらに、歩く人が増えることによって生まれる人の流れが「交流」や「ビジネス」の機会を生み、結果として地域に賑わいをもたらすなど、コミュニティづくりの観点からも緑の重要性は無視できない。

アクティブ・トランスポーテーション

アメリカでは、スポーツや身体活動に重きを置いたまちづくりに注目が集まっているが、その事例の一つとして「アクティブ・トランスポーテーション」(active transportation)の取り組みを紹介しよう。アクティブ・トランスポーテーションとは、エンジンやモーターに頼る、人間にとって受動的(パッシブ)な移動ではなく、徒歩、ジョギング、スケートボード、あるいは自転車や車椅子を交通手段として、自分の力で積極的(アクティブ)に移動することであり、(受動的交通に対して)「能動的交通」と訳すこともある。

米国のコロラドスプリング市では、市民の安全かつ健康に留意したトランスポーテーションを強化するために、アクティブ・トランスポーテーションに関するアドバイザリー委員会(ATAC)を設置している。この委員会の役割は、自転車や徒歩での移動の可能性を探り、市民のために積極的な提言を行うことである。ATACのロゴ(図表6・2)には、ポジティブな移動手段であるアクティブ・トランスポーテーションのイメージが示されている。

もう一つは、米国で制定された「2010年アクティブコミュニティ・トランスポーテーション法」(積極的地域交通法:通称ACT法)である。これは、オレゴン州選出下院議員のブルーノ・メイアー氏が提出した、アクティブ・トランスポーテーションの基金設立を目的とする法律であ

図表6・2　米国のコロラドスプリング市が設置した「アクティブ・トランスポーテーション」を推進するアドバイザリー委員会のロゴ

り、対象地域における徒歩交通／自転車交通を促進する交通インフラ整備への補助事業が対象となる。この時の対象地域は、カリフォルニア州マリン、ミネソタ州ミネアポリス、ウィスコンシン州シェボイガン、ミズーリ州コロンビアの4地域である。図表6・1に照らせば、ここで制定された政策基準が、交通インフラという建造環境の整備に結び付き、混雑緩和、健康増進、地域環境の改善が実現することになる。

図表6・2を見れば分かるように、アクティブ・トランスポーテーションとは、化石燃料を使う自動車やモーターバイク以外の交通手段の利用を促進するキャンペーンで、歩行、自転車、犬の散歩、ジョギング等、アクティブなライフスタイルの推奨でもある。しかしながら、このようなキャンペーンも、思わず歩きたくなる、あるいは自転車やジョギングで走りたくなる緑豊かな環境が整備されていなければ、個人の行動誘発に結びつくことはない。さらに、歩道や街路、樹木や風景、そして町並みや景観の整備とも密接な関係がある。

ロンドンのモビリティマネジメント

ロンドン市は、２０１２年のロンドン五輪大会に向けて、慢性的な渋滞を解消し、トラブルの多い公共交通機関の機能を補完するために、都市の「モビリティマネジメント（交通の改善）」に着手した。大会前に始まった試みは、大会後も五輪レガシーとして効力を発揮し、ロンドン市は欧州でも有数の自転車都市に生まれ変わろうとしている。

ＩＯＣに提出した開催概要計画（ビッドブック）では、50キロのサイクリングルートや30キロのウォーキングルートの整備という公約を掲げたが、これは２０１２年大会に向けて当時のボリス市長が掲げた「ロンドン自転車革命（Cycling Revolution London）」の計画からスタートした。しかしながらこの計画は、車道に自転車レーンやピクトグラム（絵文字）を塗装しただけの簡便かつお手軽なもので、自動車やバスとの混在や、駐停車車両による走路の遮断など、その評判は散々であった。これに類似した計画は、自転車道の整備に力を入れ始めた日本の都市部でも目にするが、多くは同じような問題を抱えている。

その反省を踏まえ、ロンドン市は２０１３年に新たな自転車ビジョン（The Mayor's Vision for cycling in London）を掲げ、自動車車線と構造的に分離された新型自転車道として「サイクルスーパ

写真 6・1 “Foster+Partners” 社が発表した、自転車専用の高速道路である「スカイサイクル（SkyCycle）」の計画

ーハイウェイ」の整備に着手した。これはオランダの街中で見かける自転車専用道に匹敵するものであるが、ライダーは、ストレスを感じずに安全に自転車で街中を移動することが可能となる。さらに、世界的に著名な建築家であるノーマンフォスター氏が代表を務める建築会社のフォスター＋パートナーズ(Foster+Partners)社は、自転車専用の高速道路である「スカイサイクル(SkyCycle)」の計画を発表した。これは、既存の鉄道網に沿って建設される総距離220キロの空中高架道路で、2百か所設けられる入口に、6百万人の市民が10分以内に到達できるとされている(写真6・1)。

3 スポーツ都市の基本コンセプト

スポーツ都市にはいろいろな特徴があるが、本書では、これまでの議論をまとめ、図表6・3に示すような4つの基本コンセプトを提唱したい。これらは、「持続可能性」「モビリティ」「交流人口」そして「健康志向」である。

持続可能性：持続可能なまちづくり

これからの都市には、今以上の発展・拡大を目指すのではなく、環境との調和と共生を目指した持続可能なまちづくりが必要である。これは自然資源の有効活用であり、決して自然に手を加えない「保存」(Preservation)を意味するものではない。快適な人間の生活を担保する「保護」(Conservation)された自然の賢明な利用（wise use）による共存という考え方である。その意味からも、自然と共生したアウトドアスポーツの振興や、緑豊かな屋外で行うジョギング、ウォーキング、サイクリングのための環境整備、そして都市に大きな負担を求めない小規模なスポーツイベントの持続的開催などが望ましい。

人口が過密な大都市において開かれるスポーツイベントも同様に、今ある自然と共存すべきであり、都市に与える環境負荷は最小限であることが望ましい。たとえば毎年5

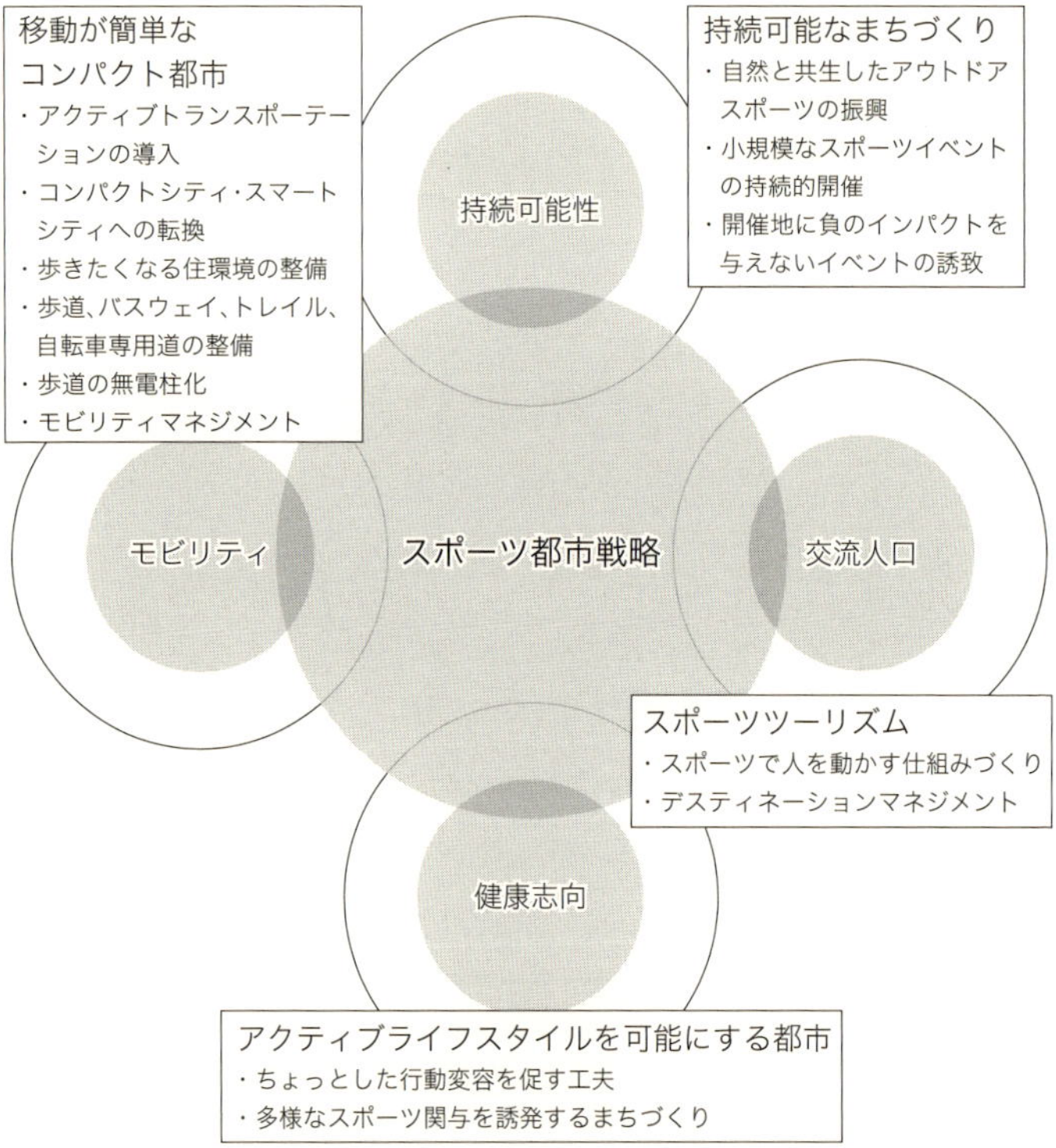

図表 6･3　スポーツ都市を構成する４つの基本コンセプト

月に開かれる「世界トライアスロンシリーズ横浜大会」は、自然と共生するスポーツイベントとして、国内ではＩＳＯ（国際標準化機構）から初の「イベントマネジメントの持続可能性に関する国際標準規格」（ＩＳＯ ２０１２１）を取得した。ＩＳＯを管理するＢＳＩジャパンによれば、この規格は、「イベント運営における環境影響の管理に加えて、その経済的、社会的影響についても管理することで、イベント産業の持続可能性（サステナビリティ）をサポートするためのマネジメントシステム[注12]」であり、イベントのブランド価値の向上や、イベント運営を取り巻くステークホルダーとの関係性を向上させることに役立つと説明している。

横浜市は、「環境」への取り組みとして、本大会をグリーントライアスロンと名づけ、スイム（水泳）会場となる山下公園前の海底清掃、同公園の清掃、再利用の可能な資材の利用、地球環境保全のＰＲやゴミの持ち帰りの呼びかけ等を行っている。ＩＳＯ ２０１２１の取得は、大会のブランド価値の向上と、社会貢献に興味を持つ協賛企業の獲得にも役立ち、結果として財政的にも安定した運営を続けている。

持続可能なスポーツ都市には、持続可能なスポーツツーリズムが必要である。都市にとって、メディア価値の高い国際的なスポーツイベントの誘致は魅力的であるが、イベントの規模が大きくなるとリスクも増大し、赤字で終わった場合継続することが困難になる。それゆえ、都市のサイズに見合った、既存施設やインフラ（たとえば道路や海岸）を活用した、比較的小規模で継続的なスポーツイベントが必要である。マラソン大会のように、新しい設備投資の費用も必要でなく、域外からスポーツツーリストが参加者として来訪し、確実に地元に経済効果がもたらされるイベントの開催は有効であり人気も高い。

規模の大小に関わらず、持続可能性という視点から見た場合、スポーツイベントの種類と開催都市（地域）のマッチングはきわめて重要となる。

モビリティ：移動が簡単なコンパクト都市

今後、人口減少社会が顕在化するなか、市街地の拡大は意味を持たず、縮小再生を志向したまちづくりが必要となる。都市は、何もしなければ際限なく拡大を続けるが、人口が減少し、経済活動が停滞すれば、中心市街地は一気に空洞化する。そこで重要となるのが、人口減少と高齢化に対応したモビリティが担保され、自動車に頼らず移動ができるコンパクトな市街地づくりである。

これまで日本の都市は、経済成長と人口増にともない、市街地が無秩序に拡大するスプロール現象が一般的であった。その背景には、モータリゼーションの進展とともに、車での移動が基本となる郊外型のライフスタイルの定着がある。スプロール現象は、環境保護や自然保護の視点からも問題で、都市の持続可能性に赤信号をともし、道路や下水道の公共投資の効率を悪化させる。加えて、人口減少社会にともなう公共サービスの劣化は、公共交通の質を低下させ、高齢者の移動を制限するようになる。このような問題に対して、歩いて移動できる範囲を生活圏とし、市街地の大きさをスケールダウンし、コミュニティの再生と暮らしやすさを再構築するのがコンパクトシティの考え方である。

コンパクトシティの特徴は、1点目に交通の利便性がある。自動車だけに依存せず、徒歩や自転車によって移動可能な範囲に日常の生活機能が配置される地域的自足性があることが望まれる。エンジンやモーターのような受動的（パッシブ）な移動手段に頼るのではなく、徒歩やジョギング・スケートボードあるいは自転車や車椅子を交通手段とし、自分の力で積極的（アクティブ）に移動するスポーツや身体活動に重きを置く「アクティブ・トランスポーテーション」の考え方も参考になる。2点目は、文化性である。地域内に、他にない歴史や文化を伝えるものが継承され、独自の雰囲気を持つまちであることが挙げられる。コンパクトシティとして重要なものは、一般的な都市機能だけに留まらない地域としての持続性であり、特別秀でたものでなくとも地域の持つ文化面を継承することにより魅力を高めることである。3点目はソーシャルフェアネス（社会的公平性）であり、ＬＧＢＴ（レズビアン：女性同性愛者、ゲイ：男性同性愛者、バイセクシュアル：両性愛者、トランスジェンダー：法的・社会的に割当てられた性別にとらわれない性別のあり方を持つ人、の頭文字）を含む多様なライフスタイルを涵養する懐の深さも必要とされる。

都市が縮小する時代においては、都市政策は解決を迫られる挑戦的な課題に直面することになり、成長ばかりを考えてきた既往の都市政策手法は、限界を露呈することになる。[注13] そこで必要なのは、縮小することを逆手に取った、新しい手法に基づくコンパクトな都市づくりであり、そこに賑わいと交流の場をもたらすアイデアが必要とされる。そのためには、歩きたくなる住環境の整備や、歩道、フットパス、トレイル、自転車専用道の整備など、低炭素化社会に向けたモビリティマネジメントが求められる。

交流人口：スポーツツーリズム

第三は、スポーツツーリズムによる交流人口の拡大である。スポーツ都市は、域外からスポーツによって観光客を呼び込むことによって、観光消費がもたらす経済効果に注目すべきである。スポーツツーリストは、一般の観光客に比べて滞在期間が長く、消費金額が多い。よって合宿や大会のように、決まった人数が一定期間滞在するイベントは、期待以上の経済効果をもたらす。

その一方で、日本の自治体には隠れたスポーツ観光資源が多く眠っているが、決して有効には活用されていない。プロ野球、Jリーグ、ラグビー、プロゴルフ、相撲、柔道、空手など、世界的に見てもハイレベルで、文化的な価値が付随する競技スポーツもあれば、豊かな自然環境や美しい四季を活用した、スキー、ゴルフ、登山、サイクリング、海水浴など、国民が日常的に親しんでいる生涯スポーツもある。

実際、スポーツツーリズムの視点からスポーツを捉えなおすと、活用できるリソースの豊かさに驚かされる。しかしながら日本では、デスティネーション・マネジメントの貧困さから、これらの観光資源が「隠れた資源」のまま放置され、有効に活用されていないのが現状である。

序章および第4章でも触れたが、デスティネーション・マネジメントとは、旅行目的地としての地域（あるいは都市）の比較優位性を確立するために、交通、ホテル、レストラン、歴史的・文化的建造物、名産品、イベント、景観等の観光資源を戦略的にブランディングする活動である。よってスポーツ都市は、スポーツを軸とした地域のブランディングを行う必要がある。その時に重要となるのが、地方都市が持つ「オーセンティック」（本物）な観光資源である。その中には、その地方にしか存在しないオーセンティックな歴史や物語、特産品や物産品、そして歴史的建造物等が存在する。

トライアスロン大会の多くは、豊かな観光資源が備わっている地域で開催され、観光が参加者動機のひとつになっている。トライアスロンは個人競技であるが、参加者の6割以上は家族や仲間といった同伴者がおり、大会後に観光を続ける参加者も少なくない。沖縄県の宮古島や久米島の大会から、白浜(和歌山県)や近江八幡(滋賀県)、そして九十九里浜(千葉県)から洞爺湖(北海道)まで、風光明媚な景勝地で開催される大会は、地元にとって従来の観光客とは異なるセグメントの誘致に役立っている。実際、筆者の研究室が毎年実施しているトライアスロン参加者調査によれば、大会で訪れた場所の「歴史的観光スポットを楽しむため」「土地の文化を学ぶため」「さまざまな場所を訪れる良い機会となる」「自然を感じることができる」といったツーリズム因子が、大会の参加動機を形成する重要な要因の一つになっている。[注14]

健康志向：アクティブライフを可能にする都市

人間の行動やライフスタイルは、環境に大きく影響される。周りにアクティブな人がいるかどうかという社会的な環境、スポーツや運動に適した施設や街路があるかどうかという物理的な環境、そして気持ちよく身体を動かせる緑陰などの自然的な環境などである。健康志向については、本書でも多くの箇所で触れたが、ここでは、三つの環境以外に、人々を何気なく運動やスポーツに誘うための装置の重要性を強調したい。

野球のまち阿南

徳島県の阿南市《あなんし》は、人口7万6千人の小さな自治体であるが、西日本一の財政力指数（0・91）を誇る豊かなまちである。財政力指数とは、標準的な行政サービスの提供に必要となる費用に対して、市税収入などがどの程度の割合を占めているかを表す指標であり、阿南市の0・91という数字は、財政がひじょうに豊かであることを示している。さらに、温暖な気候と、海、山、川の自然に囲まれた美しい風景とともに、阿波《あわ》水軍の城下町や四国遍路の接待文化が残る歴史ある町で、地元の日亜化学工業株式会社が開発したLEDの世界的な生産地としても知られている。

もう一つの特徴は、岩浅嘉仁市長が進める野球によるまちおこしである。2007年に野球のまち推進協議会が発足し、2010年には全国で初めて「野球のまち推進課」が設置されるなど、官民と経済界が一体となったスポーツによるまちづくりが着実に進んでいる。還暦野球の大会や合宿の誘致、そして本格的な野球場である「JAアグリあなんスタジアム」での試合と観光をセットにした野球観光ツアーなど、「野球をするなら阿南へ行こう」をキャッチフレーズに、特色あるスポーツツーリズムを推進している。阿南を訪れた野球チームは、2008年度の61から2014年度は147に増加し、野球関連の宿泊者も450人から3千264人に膨らむなど、年に1億円を超える経済効果をもたらしている。

オガール紫波

都市縮小の時代は、地域イノベーションの機会でもある。「日本一高い雪捨て場」と言われ、公共事業の削減によって塩漬けになっていた駅前の広大な町有地を、ＰＰＰ（Public Private Partnership）の手法を用いて開発し、成功に導いた例がある。２０１２年には、レストランやマルシェ、病院、学習塾など民間事業者と、紫波町《しわちょう》が運営母体となる図書館や地域交流センターが入る官民複合施設である「オガールプラザ」が完成し、２０１４年には、ビジネスホテルや国際試合ができる本格的なバレーボール専用体育館が入るオガールベースが誕生し、国際試合やスポーツ合宿を誘致する機会が広がった。さらに新しく建設されたサッカー場には、岩手県フットボールセンターを誘致し、Ｊリーグのグルージャ盛岡との連携も活発化している。このプロジェクトの優れた点は、建造物の規格等に規制が加わる国や県の補助金を一切使わなかった点で、町が補助金を出して誘致したフットボールセンターも、利用料がサッカー協会を通して入る仕組みにしており、自律的な経営が成り立つ仕組みが構築されている。

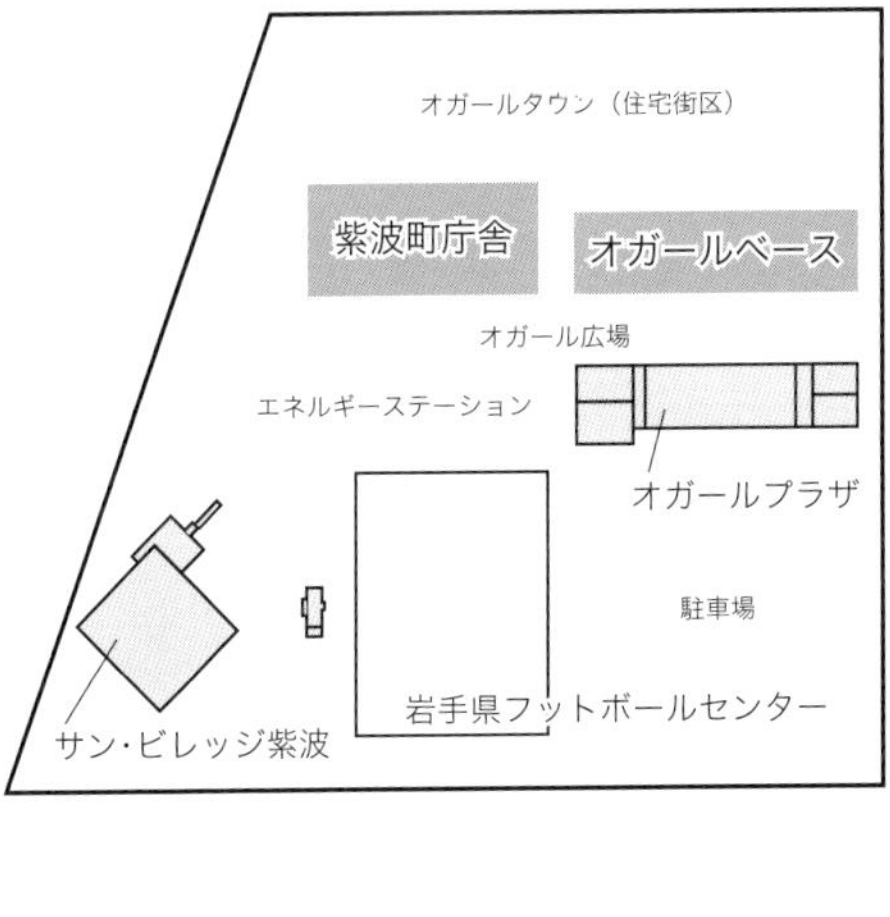

その手掛かりになるのがナッジ（Nudge）という概念である。これは、何かをある方向に動くようにそれとなく押してやるという意味があり、象の母親が、長い鼻を使って子象をそれとなく押して、次の行動に誘うようなイメージに近い。人々の行動は、小さなことに影響を受けるが、ナッジによる誘導はこうした習性を利用して、ヒジでそっと突くようにして社会をより好ましい方向に導こうとするものである。

スポーツ都市には、ナッジによって、人々の行動をより健康的な方向に向ける装置が日常生活空間に備えられていることが望ましい。経済学者の伊藤元重[注15]は、公園に設置された運動器具（健康遊具）も、人々を健康的な運動に誘うナッジの役割を果たす健康装置の一つであると指摘し、「公園でも道路でも、公共の場に人々の健康活動を増進するような仕掛けをもっと増やすことができないだろうか」と提案している。

実際、ストレッチ、ツイスト、ジャンプ、屈伸などができる大人用の「健康遊具」の数は増えている。国土交通省による２０１３年度の調査結果によると、都道府県などが管理する全国約14万６千か所の公園で、子ども向け遊具全体の数が３年前と比較してほぼ変わらないのに対し、健康遊具の数は28・１％も増加している。少子高齢化の影響で、子どもの公園利用が減少する一方、公園を利用する中高年は増加している。散歩に来た人々が、公園にある運動やストレッチの器具を使い、人と語らい、楽しい時間が過ごせるように誘導する。スポーツ都市には、人々を健康志向に誘う、ちょっとした行動変容を促す工夫が求められている。

第７章　２０２０年後を見すえたスポーツ都市戦略

1　スポーツによる観光まちづくりに必要な四つの具体的ステップ

スポーツツーリズムを基調としたスポーツ都市づくりには、幾つかのステップがある。図表7・1に示したのは、スポーツによる観光まちづくりに向けた4段階のステップである。スポーツ都市の基本コンセプトである持続可能性、モビリティ、交流人口、健康志向を踏まえたうえで、三角形の底辺から上に向かって四つのステップを積み上げていく必要がある。以下では、それぞれのステップについて解説を加えよう。

ステップ1：地域固有のスポーツツーリズム資源の再発見

地域には固有のスポーツ資源が眠っている。スポーツ都市を構想する最初のステップは、地域スポーツ資源の棚卸しであり、利用可能かつ開発可能なスポーツ資源を確認する作業である。一般に企業の経営資源は、ヒト（人的資源）、モノ（物的資源）、カネ（財的資源）、情報（情報資源）と言われるが、スポーツの場合、これら四つの資源に加え自然資源が重要な役割を果たす。

最初の人的資源であるが、地元には現役のあるいは引退した多くのアスリートが住んでいる。スポーツの世界に強い影響力を持ち、コーチや指導者としての活躍が期待される一方、スポーツイベントの誘致や大会の開催においても、支援者として協力を仰ぐことができる。とくに合宿誘致や国際的なスポー

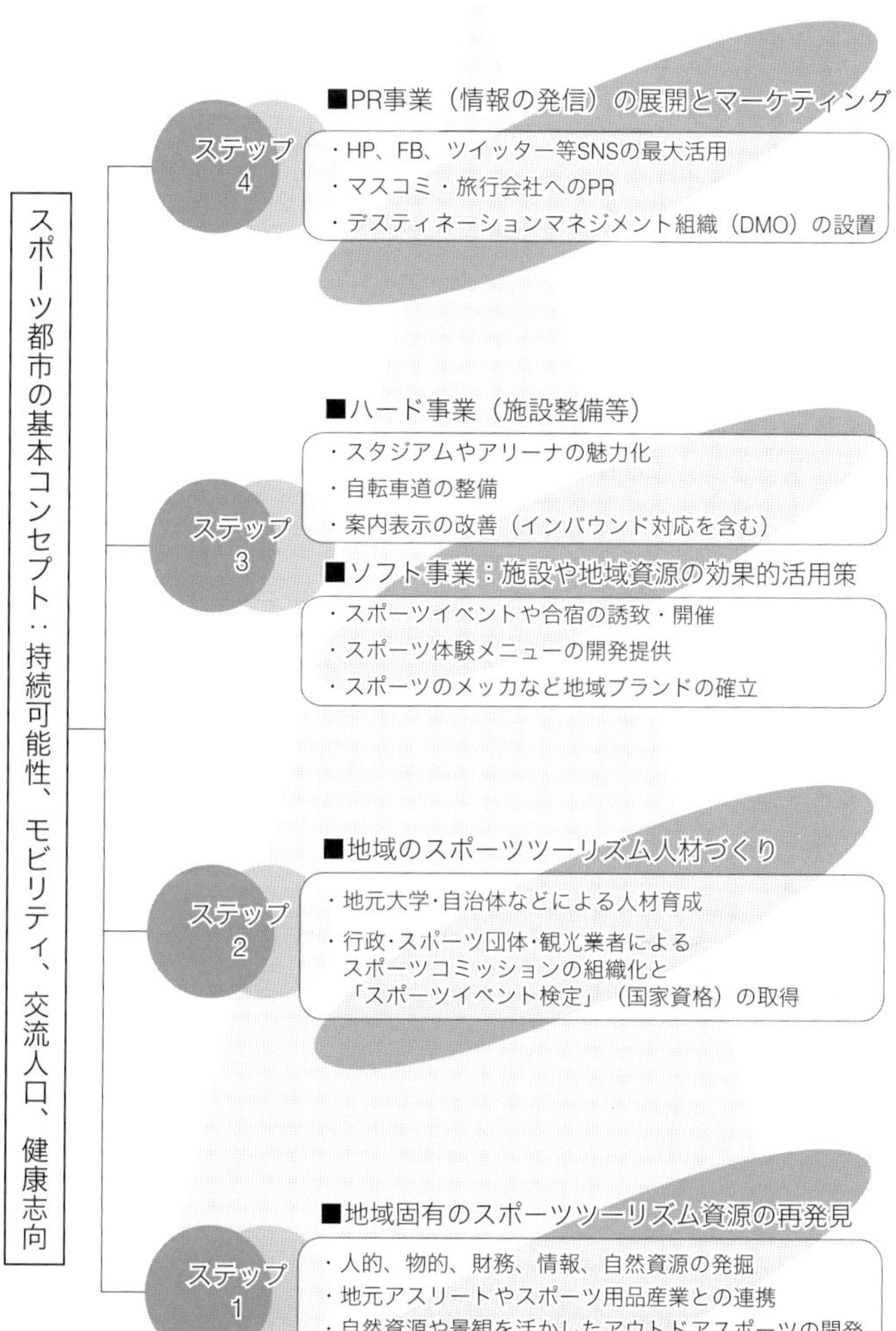
・自然資源や景観を活かしたアウトドアスポーツの開発
・廃校施設も含めたスポーツ環境の再利用

図表7･1　スポーツによる観光まちづくりに向けた4つのステップ
（観光庁資料に加筆修正）

ツイベント誘致においては、国内外のスポーツ競技団体（NF：National Federation や IF：International Federation）と太いパイプを持つ関係者の存在が重要となる。

学校の体育教員や地域のスポーツクラブ、そして地元プロスポーツの支援組織なども人材の宝庫であるが、個々の人材をつなぐ日常的なネットワークづくりも、スポーツ都市の基盤形成にとって重要な作業である。たとえば仙台プロスポーツネットは、サッカーのベガルタ仙台、野球の東北楽天ゴールデンイーグルス、そしてバスケットボールの仙台89ERSの三つのプロスポーツの支援組織（ベガルタ仙台ホームタウン協議会、楽天イーグルス・マイチーム協議会、仙台89ERSサポート協議会）が連携した組織であり、プロスポーツで地域を活性化することを目的に設立された。さらにこのネットワークが中心となり、スポーツツーリズムによる地域活性化を目指す組織である「スポーツコミッションせんだい」が、２０１４年12月に仙台市スポーツ振興財団内に設置された。この組織の特徴は、民間のネットワーク組織が核となり、事業をプロスポーツ支援から地域全体のスポーツ振興へ拡大し、官民一体となったスポーツコミッションの設立に結びつけていった点にある。ＨＰによれば、同組織は「仙台市スポーツ推進計画」に基づき、スポーツイベントの誘致と開催支援を通じて交流人口の拡大と地域経済の活性化を図り、人とまちの元気をはぐくむ「スポーツシティ仙台」の実現を目指すことを目的としている。[注1]

第二の物的資源とは、スポーツが行われる体育館、陸上競技場、野球場、武道館等の施設であり、ほとんどが税金を主な原資として整備されてきた公共資本である。そのためロケーション（場所）やアクセスなど、ユーザーの立場に立った「マーケットイン」の考えは重視されず、自治体の計画によって整備されてきた「プロダクトアウト」型のインフラである。それゆえ、施設自体が観光アトラクションになることはないが、今後、魅力的なアンカーテナント（たとえばプロサッカーやプロバスケットボールのチーム）が決まることによって、観光資源として輝きを増やす可能性はある。

第三の財的資源には、スポーツツーリズムを活性化するために自治体が行うスポーツ合宿の補助制度、施設整備を行うためのスポーツ振興くじ（ＴＯＴＯ）の助成金、日本競輪協会（ＪＫＡ）などのスポーツイベント開催に関する補助金、そして企業協賛や寄付などがある。地元の学校やチームにスポーツ用品を供給する運動用品店や大型小売店もまた、スポーツイベントの有力なステークホルダーである。大会スポンサーとして、イベント協賛や物品提供等のビジネスや企業の社会的貢献（ＣＳＲ）的な関係を深めることも重要である。

第四の情報資源とは、必要な時に利用が可能で、組織にとって資源とみなされる蓄積された情報や資料のことを意味する。インターネットの発達によって、膨大なデータへのアクセスが可能になったが、必要なデータの整理・集約と、ユーザーのニーズに対応できる構造化については、これからのスポーツ都市に与えられた重要な課題である。さらに、スポーツの歴史や記録、もしくは地域のスポーツ推進委員やスポーツ指導者に関する情報なども、地域のスポーツ振興を展開するうえで重要な情報資源である。

第五の自然資源も、重要なスポーツツーリズム資源である。筆者らが都道府県、政令指定都市、中核市、特例市を含む１５０自治体の観光部門に対して行った調査では、回答した１０６自治体の51・９％がアウトドアスポーツ振興に取り組んでいると答えた。[注2] 第２章でも述べたように、日本の地形は、急峻な山岳地帯と複雑に入り組んだリアス式海岸線、そして大小さまざまな島が点在する「島嶼《とうしょ》」によって特徴づけられる。またおのおのの自然の風景は四季を通じて変化する。このような自然の地形や景観を活かしたアウトドアスポーツには、無限の可能性が潜んでいる。

ステップ２：地域のスポーツツーリズム人材づくり

スポーツツーリズムを推進するうえで重要な役割を果たすのが、ビジョンを持って事業を推進する担当者である。現在は、自治体などによるセミナーや講習会が開かれているが、今後は、組織的な研修会の実施が必要なる。

たとえば（一社）日本スポーツツーリズム推進機構（ＪＳＴＡ）では、セミナーやカンファレンス、そしてスポーツツーリズム・コンベンションを通して業界のネットワークづくりと人材育成を行っており、毎年多くの参加者がある。この他に、厚生労働省の委託事業で、２０１５年よりスポーツイベント産業の業界検定開発に取り組んでいる。[注3]これはスポーツイベント産業に関与する人材の能力検定（国家資格）であるが、将来的には、資格の普及とともに、全国で開かれるスポーツイベントの質的向上を視野に入れている。現在、全国で設置が進むスポーツコミッションにおいても、地元大学との連携や自治体によるスポーツとツーリズムに精通した人材の育成が急務とされる。

ステップ3：ソフト事業とハード事業の展開

ここでは、スポーツイベントや合宿の誘致・開催、スポーツ体験メニューの開発提供、スポーツのメッカなど地域ブランドの確立などの「ソフト事業」と、スタジアムやアリーナの魅力化や、自転車道の整備、都市モビリティの向上などの「ハード事業」が行われる。ただし両者は互いに独立した事業ではなく、ソフト事業がハード事業を導き、ハード事業がソフト事業を導くように、両者は互いに関連している。

ひとつ目の例として、沖縄県が行っているスポーツコンベンション事業と、沖縄空手のブランド確立事業を紹介しよう。まずスポーツコンベンション事業であるが、県の観光文化スポーツ局は、沖縄コンベンション・ビジターズビューロー（ＯＣＶＢ）と協力し、スポーツツーリズムの推進母体となる「スポーツコミッション沖縄」を２０１４年４月に設立し、スポーツイベントの誘致に乗り出した。具体的には、キャンプ・合宿・大会・イベント等の開催希望者に対するきめ細やかな案内の他、市町村・競技団体・各種関連企業および団体との連携体制の強化、スポーツコンベンション開催実績調査の実施、Ｗｅｂサイトやガイドブックを活用した沖縄のスポーツ環境のＰＲやプロモーション活動などを行う。

これがソフト事業だとすると、ハード事業では、沖縄市の県総合運動公園陸上競技場が、ＪリーグのＪ２規格のスタジアムに改修されたのが一つの例である。ベンチ型だったメインスタンドの座席は全席個席に変更され、芝生だったバックスタンドにも座席を配置して収容人数１万人をクリア、そして大型スクリーンの設置によって、Ｊ３に所属するＦＣ琉球の参入を支援した。さらに２０１５年には、アリーナを併設した新しい沖縄県体協スポーツ会館を建設し、その中に、スポーツコミッション沖縄の事務局を設置するなど、ソフト事業とハード事業の一体化が進んでいる。これによって、沖縄のスポーツツーリズム事業が一元化され、具体的な動きが加速化することが期待される。

ふたつ目の沖縄空手のブランディング事業では、沖縄発祥の空手をブランド化すべく「沖縄伝統空手ブランディング検討委員会」を発足させるとともに、ユネスコの無形文化遺産登録を視野に入れ、道場や展示室等を備えた「沖縄空手会館」の建設を決めた（図表7・2）。空港からわずか5キロの3・8ヘクタールの広大な敷地に、空手道場および展示施設を備える同会館は、沖縄伝統空手を独自の文化遺産として保存・継承・発展させ、「空手発祥の地・沖縄」を国内外に発信するための拠点である。これによって沖縄は、空手の聖地（メッカ）として、世界に広がる空手の求心力を得ることになる。

ハード事業とソフト事業は互いに関係しているが、ハードである建造物や道路などの関連施設は、一度建設されると用途が確定

図表7・2　平成28年度秋に開館予定の沖縄空手会館（沖縄県ＨＰより引用：http://www.pref.okinawa.jp/site/bunka-sports/bunka/kikaku/20140801karate-dokaikan.html）

されるため、建設には細心の注意を払う必要がある。とくにスポーツに関連した施設は、健康やレジャー面で、国民生活の向上に関係する「生活社会資本」であり、市民生活と親和性が高くなければならない。その意味からも、マーケットインの考えを重視した、自治体のお荷物にならない「市場化」された生活社会資本の整備が課題となる。注4 スポーツツーリズムに対応したまちづくりの視点からは、スムーズな移動を可能にする車歩道の段差解消や電線の地中化、暑熱対策、異文化対応、シェアリングエコノミーを活用した民泊サービスの提供など、多様なテーマが存在する。

近年、コンパクトなまちづくりと住民の健康づくりを一体的に進める「スマートウウェルネスシティ」（SWC）の考えが広まっているが、新潟県見附市は、健康で幸せに暮らせる「健幸」のまちづくりを目指している。同市は、「ついつい歩きたくなるような歩道や公園」の整備を行うとともに、車の進入制限を行うエリアを設け、歩く人を増やす試みを続けている。2012年には、「健幸基本条例」および「歩こう条例」を制定し、「歩くを基本としたまちづくり」に対する行政、地域コミュニティ、そして事業者の努力義務注5を規定した。

さらに、普段から運動習慣のない市民のために、七つの小学校区を中心に、14の「健幸ウォーキングロード」を設定し、発着点となる「ふるさとセンター」には、簡単にストレッチや筋力アップが楽しく実践できる健康器具系施設が設置された。ウォーキングコースは、30分から1時間程度の所要時間になっており、車の通行量が少ない比較的安全な道路が選ばれた。これもソフト事業とハード事業が融合した、健康を志向したまちづくりプロジェクトの一つである。

ステップ4：ＰＲ事業（情報の発信）の展開

ＰＲ事業とは、地域のスポーツ観光資源の望ましいイメージをできるだけ多くの人に知らせ、旅行ニーズを喚起する組織的な活動のことである。ＰＲ事業を展開するのは、地方のスポーツコミッションやツーリズムビューロー、または地域で観光マーケティングを行う日本版ＤＭＯ（Destination Management Organization）のような組織である。[注6]

スポーツとは直接関係ないが、世界最大の旅行口コミサイトとして有名なトリップアドバイザーは、三重県と連携して、外国人旅行者に対する認知度・満足度向上を目的とする「外国人おもてなしプロジェクト」というＰＲ事業を実施している。これは、県内の観光施設や宿泊施設、レストランを訪れた旅行者に対し、トリップアドバイザーへの口コミ投稿を促すカードを配布し、三重県の口コミ情報を増やし、国際的な情報拡散を狙う戦略である。カードの表面には、英語と中国語（簡体・繁体）、韓国語で、裏面には、日本語で投稿を促す文章が掲載されている。

その一方トリップアドバイザーは、三重県の観光資源である海女、忍者、松坂牛、Ｆ１などの紹介ページを掲出し、外国人旅行者の興味を引く情報を発信する仕組みとなっている。ページ内には、県観光情報サイトへ誘導するバナー広告も掲示するなど、周到な戦略が見え隠れする。

今日では、テレビ、ラジオ、雑誌、新聞、パンフレット等の印刷媒体といった旧メディアに加え、ＨＰ、ブログ、ツイッター、ＦＢ、Youtube、インスタグラムといった新メディアを巧みにミックスし、ＰＲ情報を効果的に提供しなくてはならない。その時に重要となるのが、インバウンド観光で増加している、個人手配のスポーツツーリストである。筆者の研究室が、２０１５年2月に長野県白馬村で実施したスキー・スノボのインバウンド調査の場合、76％の外国人スキーヤーが個人手配の旅行であり、情報収集や予約ではＳＮＳが大活躍していることが分かった。回答者の9割が欧米系白人であり、情報は**図表7・3**に示すように、複数のサイトから得ている。[注7]

個人手配のツーリストは、ＳＮＳで情報を集め、チケットを購入し、宿を予約し、旅行体験をシェアする。序章の**図表0・2**で示したように、「注目」し、「関心」を抱き、情報を「検索」したツーリストは、旅先で「経験」した「感動・共感」を「共有」（シェア）するのである。それによって旅の経験情報は瞬時に拡散し、世界中の人の目に触れることになる。近年の訪日外国人観光客の急増に、ＳＮＳによる観光経験の共有と拡散が一役買っていることは、疑いようのない事実である。

図表 7・3　白馬温泉を訪れたスキーヤーが使用した情報検索サイト（複数回答）

検索サイト名	人数	%
Skijapan.com	97	48.7%
tripadvisor.com	92	46.2%
Booking.com	46	23.1%
Powder Hounds	33	16.6%
Facebook	23	11.6%
その他	64	33.2%

注 1：パーセンテージ（%）は、有効回答者数（n=199）に対する割合
注 2：八方白馬村スキー場のインバウンド調査（早稲田大学原田宗彦研究室、2015）より引用
注 3：Skijapan.com は、主に北海道を中心とした日本のスキーリゾートの情報ポータルである。booking.com は、宿泊施設予約サイトであり、Powder Hounds は、世界のスキー場の情報を詳しく分析し紹介するサイトである。その他の回答では、検索エンジンの Google、予約サイトの Agoda、航空券の予約に強い Expedia が含まれるが、友人からの口コミ情報という回答も多く挙げられた。

2 地方再生の切り札としてのスポーツツーリズム

旅行需要のドライバー（喚起装置）としてのスポーツ

スポーツツーリズムの特徴は、アトラクションが固定された物見遊山的な観光地とは異なり、観光資源に恵まれない地域でも、人を動かすスポーツアトラクションを人為的に、比較的簡単に構築できることにある。それゆえ、国立公園や景勝地でもなく、歴史的建造物や有名な寺社仏閣がなくても、道路や山道、あるいは河川や海を最大限活用し、スポーツイベントや大会などのアトラクションを構築することによって、スポーツツーリズムの需要を喚起できるチャンスは数多く存在する。

地方には、国体で整備された陸上競技場や体育館があるが、それらの施設を本拠地とする、アンカーテナントとしてのプロサッカーやプロバスケットボールのチーム・クラブは、スポーツツーリズムの需要喚起装置でもある。シーズン中のホームゲームはもとより、練習試合や合宿、あるいは、ユースチームが中心となって開催されるジュニアの大会など、地域に根ざしたプロのチーム・クラブは、人が動く理由をつくる「需要ドライバー」になる可能性を秘めている。

有望な観光資源がない自治体でも、スポーツを駆動力として、人が交わる場を作り出すことが可能である。たとえば宮城県登米《とめ》市は、人口8万2千人の美しい田園風景が広がる東北地方の小さな自治体であるが、全国に名の知れた観光地でもなく、国立公園でもない。しかし、ユニークなランニングイベントを企画することで、初年度が1千233人、2年目の2015年には定員を満たす3千人の参加者を集めた。これが「東北風土マラソン&フェスティバル」である。ワインを飲みながら走るフランスのメドックマラソンとタイアップしており、「風土」はワインの代わりに沿道で東北各地のグルメを楽しめる「フード」マラソンを意味する。大会はマラソン大会を核として、地元グルメの飲食・物販ブースが並ぶ「登米フードフェスティバル」、東北の日本酒が楽しめる「東北日本酒フェスティバル」、そして酒蔵見学や南三陸の沿岸部をめぐるツアー「東北風土ツーリズム」も同時に開催されるなど、多くの参加型スポーツツーリストを集める地域のお祭りになっている。

スポーツツーリズムの可能性

諏訪雄三[注8]は、『地方創生を考える』と題した著作の中で、地方創生を実態がともなわない言葉先行の政策ではないかと疑問を投げかけ、全国で展開する自治体改革や、国土を強靭化するための総合的な戦略に内在する問題点を検証した。その中で、地方創生の糸口として、現在行われている地方自治体やNPO、大学、企業による取り組みを紹介した。

その一つがスポーツツーリズムであり、ツール・ド・フランスのクリテリウムを誘致した「さいたまスポーツコミッション」や、合宿誘致を推進する「スポーツコミッション沖縄」を、スポーツツーリズムの専門組織や実働部隊として紹介し、地方創生の糸口として期待を寄せている。

また観光ジャーナリストの千葉千枝子[注9]も、『観光ビジネスの新潮流』の中で、これから伸びる観光ビジネスとしてスポーツツーリズムの可能性に言及している。具体的には、戦略的な国際スポーツイベントの誘致やツーリズム色の強いマラソン大会の全国的広まり、そして外国人をターゲットとしたスノースポーツ需要の掘り起こし等を提案している。加えて、タイやマレーシアのように、ゴルフを中心としたスポーツツーリズムに力を入れている観光先進国の状況を俯瞰しつつ、大相撲や武道など、日本特有の精神が息づく伝統的スポーツの観光資源化にも期待を寄せている。

日本は資源小国であるが、こと観光に関しては資源大国である。国土の7割は山岳地帯に覆われ、四季を通じてさまざまなアウトドアスポーツを楽しむことができる。長い時間をかけて築かれた独自の精神文化や生活習慣は、安全で信頼できる社会を築き上げ、寺社仏閣を中心とした古い町並みは外国人旅行者を魅了してやまない。近年の訪日外国人の驚異的な伸びは、日本が、長い旅に値する経験価値をもたらしてくれる観光の資源大国であることの証左である。

3 スポーツによる世界都市のブランディング

世界で展開されるスポーツ都市戦略

スポーツによる都市のブランディングは世界的な現象であり、成熟国から発展途上国まで、多くの国や都市において、スポーツを使った都市のブランド力の向上に向けた施策が実施されている。都市のブランディング戦略を実行に移すには、ターゲット市場（たとえば観光客）と都市のアイデンティティや資産をつなぐためのプラットフォームが必要とされる。スポーツの場合は「スポーツイベント」「チーム・クラブ」「プレイス（場所）」の三つが一般的であり、すでに多くのスポーツ都市が実行に移している。[注10]

第一のスポーツイベントについては、オリンピックのような、グローバルな影響力を持つメガ・スポーツイベントの開催による都市ブランド力の向上が一つの例である。大規模なスポーツインフラの整備と都市改造をともなうオリンピックは、都市ブランドを形成するうえでもっとも有効かつパワフルなプラットフォームであり、過去に、バルセロナ、シドニー、北京、ロンドンなどが五輪開催を契機に都市のブランドイメージを大きく変容させてきた。かつて英国の流刑地であり、カンガルーやコアラなどの野生生物のイメージが強かったオーストラリアは、２０００年のシドニー五輪を契機に、かつての白豪主義を掲げる辺鄙な大陸から、スポーツが盛んで、明るく健康的な大陸へとイメージを大きく変化させた。

現在、世界の都市は、ホールマーク（優良）スポーツイベントの争奪戦に入っている。スポーツイベントの継続的な誘致開催によって、国や都市にもたらされる経済効果はもとより、社会的、政治的な効果を狙う動きが強まっている。後述するアラブ首長国連合（UAE：United Arab Emirates）のドバイやカタール、シンガポール、メルボルン（豪州）、ローザンヌ（スイス）などは、公的なスポーツイベント誘致政策（public hosting policies）を実行している国や都市の例である。[注11]

第二のチームやクラブもまた、都市のブランディングに強い影響力を持つプラットフォームである。アメリカの4大プロスポーツのように、多くの地元ファンと、企業、自治体、メディア等の多様なステークホルダーを持ち、地域名を冠したチームは、多くの地元ファンと対戦チームのアウェーファンがもたらす消費誘導効果によって、地元経済の活性化に役立っている。サッカーのレアル・マドリード、FCバルセロナ、マンチェスター・ユナイテッドなどのビッグクラブは、都市ブランドの構成要素である。

第三のプレイスは、都市のブランディング要素の中核に大規模なスポーツ施設を据えるという新しい戦略であるが、成熟した先進国よりもむしろ新興国で積極的に活用されるプラットフォームである。前述のアラブ首長国連合のドバイは、世界でも指折りのスポーツ・レジャー施設の建設によって、都市のブランドイメージを構築している。わずか140万人の小国で、産油地域でもないドバイは、石油取引の金融センターとして急速な発展を遂げたものの、将来の石油枯渇に備えて、6兆円をかけて世界最大のエンターテイメント施設とテーマパーク群を中心とするドバイランドを建設中であるが、その中核がドバイ・スポーツシティである。

ドバイ・スポーツシティの試み

ドバイ・スポーツシティは、ドバイランドの中核事業であり、3・3平方キロの敷地には、18ホールのゴルフ場と、それを取り巻くコンドミニアムやショッピングモールが建設されている。さらにサッカー、ラグビー、陸上を行う6万人収容のメインスタジアム、2万5千人収容のクリケットスタジアム、1万人収容のインドアアリーナ、そして5千人収容のホッケースタジアムがある（図表7・5）。

ドバイはまた、ワールドホッケーアカデミーを毎年開催する他、マンチェスター・ユナイテッドFC

のサッカーアカデミー、そして水泳、クリケット、テニス、ゴルフ等のアカデミー（学校）を開催し、スポーツエリートを目指す世界の青少年を育成している。

都市ブランド力の強化は、外国人観光客の増加に示されており、１９９５年の50万人が、10年後の２００５年には６７０万人へと急増した。ドバイはスポーツイベントの誘致に加え、スター選手や著名コーチ、そして有名チームを用いて、世界からスポーツツーリストを招き入れている。マンチェスター・ユナイテッドやテニスコーチで有名なデビッドロイドがトレーニングアカデミーを開設する一方、南アフリカ出身の人気ゴルファーであるアニーエルスが設計したコースなどがある他、クリケットのＩＦである国際クリケット協会（ＩＣＣ）の本部をロンドンから移転するなど、国際スポーツ政治においても影響力を持ち始めている。

一級のスポーツ施設を建設するとともに、現代都市に必要な快適な住居やアメニティを付帯させ、さらにスター選手のパワーを都市ブランドの形成に活用する方法は、斬新

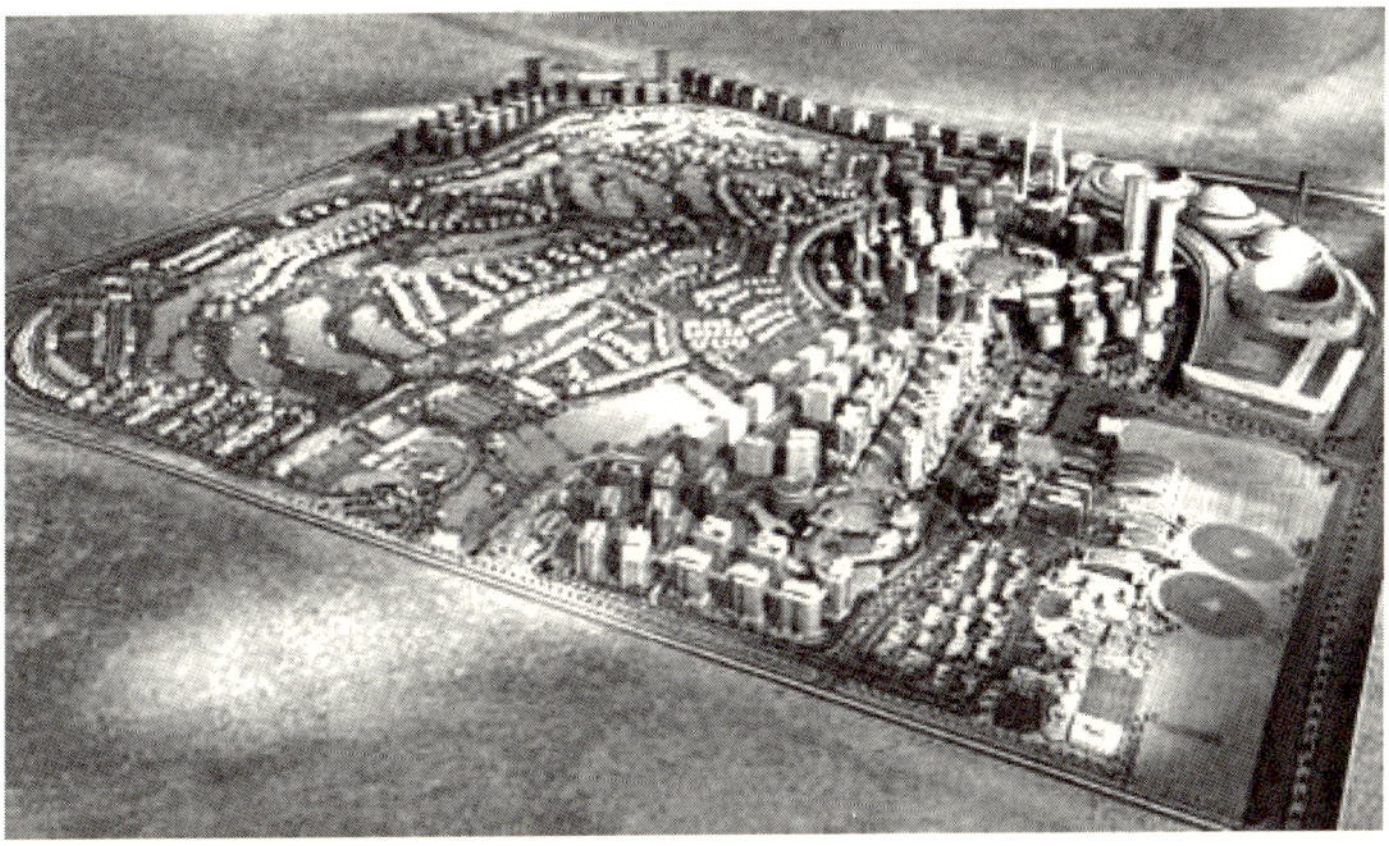

図表 7·5　ドバイスポーツシティの完成図
(http://www.2daydubai.com/pages/dubai-sports-city.php)

でイノベーティブな方法である。世界のスポーツ都市は、スポーツイベント、チーム・クラブ、プレイスといった三つのプラットフォームを組み合わせることによって、スポーツを活用した都市のブランディング戦略を実践している。

都市がスポーツツーリストを必要とする理由

ツーリストが動く理由はさまざまであり、欧州のツェルマットや、北米のウィスラーのように、雪が降るかぎり継続的に需要が生まれる内発的・資源依存型のドライバー（喚起装置）を持つ地域もあれば、英国のプレミアリーグや北米の4大プロスポーツ、そしてボストン、ニューヨーク、東京のようなワールドマラソンメジャーズに代表される、外発的・人工的な需要喚起装置によって世界からスポーツツーリストを集める都市もある。スポーツアトラクションの特性が内発的であれ外発的であれ、参加者が体験した情報は、SNSを通して瞬時に世界へシェアされる。その一方、旅行情報を得たツーリストは、自分で目的地の情報を探索し、飛行機のチケットと宿泊施設を予約し、スポーツアトラクションを求めて地球を旅する新しい大交流時代が到来した。

世界の都市がスポーツを使った都市ブランディングを試みる理由は、スポーツツーリストの消費行動と密接な関係がある。第4章で述べた英国の調査結果のように、スポーツツーリストの観光消費額は一般のツーリストを大きく上回り、滞在期間も長い。また2012年ロンドン五輪大会の開催期間中（7―9月）に英国を訪れた外国人観光客は、対前年比で4％落ち込んだものの、五輪観戦を主目的とした外国人旅行者の平均支出額は1千510ポンド（約26万1千円）であり、同時期に他目的で訪英した外国人旅行者の約2倍の消費額だった。五輪期間中のホテル代金の高騰やテロの危険性を嫌い、訪英外国人観光客は一時的に減ったものの、高額なチケット代やホテル代を払って五輪観戦を行う外国人スポーツツーリストは、7—9月の旅行消費額を8・5％押し上げる役割を果たした。[注12]

同じことは日本でも実証されている。2014年に筆者が㈱野沢温泉と共同で行った欧米人スキー客（7割が豪州、3割がその他欧米諸国）に対する調査でも、120名の回答者のうち、36・7％が年収1千万円以上2千万円未満、26・7％が2千万円以上と回答するなど、その多くがミドルクラスから富裕層に属していることが分かった。[注13]また全体の37・6％が東京を、そして18・5％が白馬を訪問しており、都市型観光と組み合わせたり、近隣スキー場の周遊を行ったりするなど、消費活動の分散傾向が見られた。2015年に長野県白馬村で行った調査でも、欧米人スキーヤーの個人所得の平均は約1千2百万円で、世帯収入の平均は約2千百万円と、野沢温泉と同様の傾向が見られた。[注14]

アジア太平洋地域の富裕層は、2014年末の時点で469万人と前年から8・5％増え、総資産についても11％の増加で、世界最大の北米を追い抜く勢いである。[注15]日本のインバウンド市場では、今後富裕層向けの旅行商品の開発が急がれているが、日本の大部分のスキー場では、スキー人口の低迷から宿泊施設のリニューアルやアクセスの改善が追いついておらず、富裕層を取り込むだけのサービスクオリティが維持できていないのが現実である。

4　ポスト五輪のスポーツ都市戦略

リバビリティの高いまちづくり

本書で繰り返し述べてきた「スポーツに親しむまちづくり」とは、人が住みやすいまち、すなわち「リバビリティ」（livability）の高いコミュニティづくりに他ならない。リバビリティとは、住民の生活の質に関係する多様な要因の総体であり、その中には、建造・自然環境、経済的繁栄、社会的安定と社会的公正、教育機会、文化、エンターテイメント、そしてスポーツやレクリエーションの機会が含まれる。これらの要素が高いレベルで達成された時に、「リバブルコミュニティ」（livable community）が誕生する。

リバビリティが高いスポーツ都市とは、基本的人権としてのスポーツを楽しむ機会や場所が保証されているコミュニティである。スタジアムやアリーナといったスポーツ施設に限らず、車道から分離された歩道や街路、そして自転車専用道路やフットパスなど、住民がアクティブな生活を送ることができる環境を担保する、スポーツとレジャーのためのインフラ整備が不可避である。

観光資源の競争優位性

国や都市には、他には負けない競争優位性（competitive advantage）を備えた観光資源が必ず存在する。

英国の場合、２０１４年に来訪した外国人旅行者の５人に二人がスポーツのライブ観戦を行い、その73％がプレミアリーグの試合を見たフットボールツーリストで、その数は80万人である。英国滞在中の平均消費額も、一般の外国人旅行者の６３６ポンドに比べ８５５ポンドと高額であった。これこそが英国が持つ競争優位性で、サッカーだけでなく、ゴルフやウィンブルドンテニスなど、多くのスポーツファンを誘客する「観戦型」スポーツツーリズムが国の経済に貢献している。[注16]

その一方で、日本の競争優位性は「参加型」のスポーツにある。ホワイトシーズン（冬）はスノーリゾートでのスキーや温泉観光、グリーンシーズン（夏）は海、山、川を利用したアウトドアスポーツやアドベンチャースポーツ、そして春や秋はマラソン大会やサイクリングイベントを利用して外国人観光客の誘客を目指す、スポーツツーリズムの「日本モデル」を創出する必要がある。

日本では人口減にともなって内需が縮小し、成長成熟期から緩やかな衰退期に移行しているが、右肩上がりで増えているのが各地で開催されているマラソン大会やトライアスロン大会である。大小さまざまなランニングイベントを含めるとマラソン大会は3千を超え、トライアスロン大会は3百に届くという盛況ぶりである。現在は日本人の参加者が大半を占めるが、耐久性スポーツイベントに参加する外国人ツーリストも増加傾向にあり、アジアのミドルクラスから富裕層が、今後スポーツイベントへの参加を目的に日本を訪れることが予想される。

アスリート・ファーストのまちづくり

東京は、2020年のオリンピック・パラリンピック大会の開催に向けて、さまざまな準備を行っているが、スポーツ都市としての機能の充実には、解決すべき課題が山積している。オリンピック開催都市にふさわしい条件としてIOCが求めるのは、「国民と開催都市住民の支持」「開催国と開催都市の安全」そして「選手、関係者、関係者が効率よく快適に移動できるアクセス」の三つである。東京は、いずれの項目においても合格点を得たが、オリンピックの遺産（レガシー）を後世に残すためにも、さらなる都市機能の改善と充実が求められる。その中でもとくに、多くの立候補都市が掲げる「アスリート・ファースト」というテーゼは、アスリートが最高のパフォーマンスを発揮することができるスポーツ都市環境の提供を意味する。

オリンピック・パラリンピック大会に参加するために海外から来るアスリートや大会関係者は、スポーツを目的として旅をする「スポーツツーリスト」でもあり、観光地としての都市の魅力や安全性についても関心が深い。よって日本の文化、和食、自然、景観など、スポーツ以外の魅力のアピールも重要な課題となる。

トップアスリートが都市での生活を快適に過ごすには、幾つかの課題が残されている。その第一がアスリートと観客を悩ます、夏の暑さと熱中症である。

2013年7月—9月に熱中症で搬送された患者数は全国で4万3千864人であるが、その内東京都は3千90人であった。しかし2014年は、高温が続いた5月26日から6月1日の1週間だけで、全国で昨年の7倍の1千637人（そのうち東京都は146人）が病院に搬送されている。

2020年のオリンピック・パラリンピック大会は、8月から9月の2か月間開かれるが、競技を行うアスリートだけでなく、1日あたり40万人から60万人と言われる、オリンピック関係者や競技観戦者に対する暑熱対策は十分ではない。競技時間を早朝や夕刻に移動し、観戦者には熱中症予防のグッズ（水分・塩分補給や冷却用）を配布するなど、きめ細かな配慮が必要となる。さらに、大会期間中のまち歩き観光においても、熱中症で病院に搬送される外国人観光客が増えるため、医療サービスの拡充が求められる。[注17]

第二がまちのバリアフリー化である。東京五輪は、オリンピックだけでなく、パラリンピックが大きな注目を集める大会となる。それゆえ今後は、事前合宿や予選などで車椅子アスリートの来日機会が増える。訪日外国人観光客の数は毎年伸び続けているが、ビジターの数が増えるということは、身体のハンディを持つ観光客も増加することを意味する。よって都市のバリアフリー化は喫緊の課題となるが、身近なところでは、都市の歩車道の段差解消が重要となる。これによって車椅子を使うアスリートの移動をスムーズにするだけでなく、キャリーバッグを引いて移動する観光客の利便性も向上する。さらに全国的な規模で、駅や空港、そしてバスターミナル等とともに、車両や航空機等のバリアフリー化を推進する必要がある。

第三が、観光ボランティアの養成である。一般に「ボランティア」には、好きだからやるという「自発性」、見返りを求めない「無償性」、そして誰かのために行う「利他性」といった基本的な性質が備わっているが、観光ボランティアにも、国内外から来る観光客に、自発的に、無料（もしくは低廉な料金）で、楽しんでもらえるように案内やガイドを行うという役割が求められている。これは、旅行者の貴重な時間を、素晴らしい経験価値に転換するという重要なミッションであり、無償といえども専門的なボランティアとしての専門性と一定の責任が求められる。

２０２０年の東京五輪大会では、２０１２年のロンドン大会を上回る8万人のボランティアが必要だと言われている。ロンドン大会の場合、五輪ボランティアの仕事は、競技会場での運営（入場ゲート、メディア対応、医療関係、ドーピング関係など）と、競技会場外（空港や市内の観光スポット）での案内や誘導の仕事に分けられる。ロンドン大会の場合、五輪ボランティアは無償であり、自宅から通えて、3回の研修会に参加し、オリンピックかパラリンピック、あるいは両方で最低10日間以上奉仕するという義務が課せられた。

五輪ボランティアには「無償性」「自発性」「利他性」に加え、世界最大かつ最新のメガ・スポーツイベントに関与できるという「先駆性」、巨額の開催費用の一部を自分たちの労働で補う「補完性」、そして大好きなオリンピックやパラリンピックに関与することで達成できる「自己実現性」という、新しい時代のボランティアに必要な要素がすべて含まれており、ボランティアの仕事を一層魅力的なものにしている。

最後の第四は、モビリティのマネジメントである。オリンピックのような大きな大会で、アスリートが安全に、ストレスなく自由に移動できることは重要であるが、アクティブな市民アスリートにとっても健康とレジャーを兼ね備えたモビリティの向上は、21世紀の都市づくりにおける重要な課題の一つである。スイス観光局は新しい旅のスタイルとして「スイス・モビリティ」を提案している。これは国内を、公共交通機関と化石燃料を使わない交通手段（ハイキング、自転車、カヌー等）で移動する旅であるが、同じ思想は、大都市でも活用することが可能である。たとえば、東京五輪に向けて開発が進むベイエリアであるが、道路は平坦かつ直線的であり、自転車での移動は苦にならない。加えて今後、自然環境の充実による快適なウォーキングやハイキングができる環境整備も重要となる。今後は、パリ市が導入した公共の貸自転車制度の「ベリブ」やニューヨーク市の「シティバイク」、あるいはパリ市が２０１１年に導入した電気自動車（ＥＶ）シェアリングシステムの「オートリブ」のようなモビリティシェアの事業展開も視野に入れるべきであろう。

おわりに

本書は、2002年に刊行した拙著『スポーツイベントの経済学：メガスポーツイベントとホームチームが都市を変える』(平凡社新書)の続編である。その中で私は、都市とスポーツの多彩な関係を解き明かしながら、メガスポーツイベントや地域密着型プロスポーツが都市にもたらした「経済社会効果」や「地域イノベーション(変革)」に言及し、最終章(第5章の2)において、スポーツはどのように都市を変えたか？という問いに応えるべく、「スポーツに親しむまちづくり」の具体像を描くことを試みた。

そこでは、都市化によって消える「遊び空間」に警鐘を鳴らし、ウォーキングシティの可能性に言及したが、これらの内容は、本のメインテーマではなかったため、充分な考察を施すことができなかった。そこで本書では、スポーツ都市をメインテーマとし、都市はスポーツをどのように活用すべきかを中核的なテーマにすえた。その上で、スポーツで人を動かす「スポーツツーリズム」の考えを基軸として、域外からビジターを取り込む需要ドライバー(喚起装置)としての「地域密着型プロスポーツ」「スポーツイベント」「地域スポーツコミッション」「アウトドアスポーツ」などを、都市が活用すべき戦略的な観光資源として紹介した。

学校教育における「体育」とは異なり、必ずしも教育に縛られない「スポーツ」は柔軟なコンテンツである。目的もルールも形も強度も変幻自在であり、健康のための手軽なスポーツもあれば、楽しさを求めるレクリエーション・スポーツもある。さらに身体の極限に挑む競技スポーツもあれば、観客席で観戦する見るスポーツもある。雪合戦や雪かきがスポーツになる一方、身体的なハンディキャップを持つ人のために開発されたスポーツも多く存在する。

何かしらのルールがあり、勝ち負けがあり、身体活動があって楽しければ、すべての身体活動がスポーツとなりうる。地域にスタジアムやアリーナといった一級のスポーツ施設がなくとも、道路や空地があれば、ランニングやウォーキングのイベントが開催でき、山、森、海があれば、アウトドアスポーツのフィールドとして活用することが可能となる。よってスポーツ都市戦略では、変幻自在なスポーツを観光資源としてどう活用するか、ここが知恵の絞りどころとなる。

スポーツインフラや街路の整備といったハード事業については、「思わずスポーツをやりたくなる」あるいは「都市に住む人のアクティブライフを誘発する」まちづくり環境をどうつくるかが重要となることを指摘した。ソフト事業に関しては、交流人口の増大を目指すスポーツツーリズムの考えを用いて、スポーツイベントの誘致を主導するスポーツコミッションの役割について述べた。とはいえハード事業とソフト事業は不即不離の関係にあり、どちらか片方だけで完結するものではない。スタジアムやアリーナの計画から自転車専用道まで、都市がどのようにスポーツを活用するかという戦略的思考と、マーケットインの考えをベースにしたスポーツインフラ整備なくしてハード事業は成立しない。

都市戦略とは、都市の進むべき道を明確にした上で、何をするのかを論理的に、系統立てて立案することである。よってスポーツ都市戦略とは、スポーツに親しむまちづくりという目標に向けて、長期的な視点で都市経営全体の方向付けをデザインすることを意味する。スポーツ都市の場合、首長にビジョンがあり、トップダウンでスポーツによるまちづくりが起動するケースが多く見られる。第5章でも述べたように、さいたまスポーツコミッションは、清水勇人市長の強いリーダーシップによって実現した。同市は、政令指定都市で最初の「スポーツまちづくり条例」を導入し、「しあわせ倍増プラン2009」をベースに、新しいスポーツ観光市場の創造を目指した都市戦略を実行に移した。この他にも、三島市の豊岡武士《たけし》市長や前橋市の山本龍市長など、トップが明確なビジョンを示すことによって、スポーツコミッションが設置されたケースが多い。

スポーツ都市づくりは、国際的な動向でもある。2012年の五輪大会を終えたロンドン市は、ボリス・ジョンソン市長が、スポーツイングランドと協力して、草の根（グラスルーツ）スポーツへの参加を促進し、2020年までに世界一アクティブなスポーツ都市にする目標を掲げている。オランダのスポーツ都市として有名なロッテルダム市も、国際的なスポーツイベントの招致を行い、都市に経済効果を生み出す目的で設置された「ロッテルダムトップスポーツ」に加え、地域スポーツの振興によって青少年にスポーツの機会を提供する組織である「ロッテルダムスポーツサポート」を設立したが、これらの組織は車の両輪のような機能を果たし、「見るスポーツ」と「するスポーツ」の振興によるスポーツ都市づくりを行っている。

2020年には東京でオリンピック・パラリンピック大会が開催されるが、世界の注目が集まるメガスポーツイベントを、どのように日本の未来のために活用するかは、高齢化と人口減少の二重苦を抱える日本において極めて重要な課題である。残念ながら、二重苦を完全に克服することはできないが、痛みを和らげる方法はある。定住人口の1人減によって失われる年間消費額は、10人の外国人観光客、もしくは26人の国内観光客（宿泊）の観光消費額で補うことができるのである。ツーリズムの振興が、地方の消滅を防いでくれる可能性を秘めている。

スポーツツーリズムに期待が集まるのは、素材が豊富で加工が簡単なスポーツイベントを商品とするからである。一般の観光客よりも滞在期間が長く、消費金額が多いスポーツツーリストをどう呼び込むか、魅力的なスポーツアトラクションの創造が鍵となる。

四季があり、山岳地帯が多い日本では、グリーンシーズンのアウトドアスポーツや、ホワイトシーズンのスキーなど、多様なスポーツを楽しむことができる。実際、中国と韓国を除き、他のアジア諸国にはない「雪」や「氷」が観光資源として注目を集めている。特にスキーに関しては、根強い人気を誇るニセコや白馬だけでなく、バブル以降利用者が低迷していたJR東日本のガーラ湯沢や、規模は小さいものの兵庫県の六甲山スノーパークなど、大都市近郊のスキー場にもインバウンドの波は押し寄せている。

さらに国レベルでは、２０１９年のラグビーワールドカップに続き、五輪後も２０２１年ワールドマスターズゲームズが開催されることが決まっており、メガスポーツイベントの開催が地域経済活性化のきっかけづくりに貢献している。スポーツで人が動く機会の増大は、インバウンド観光の活性化と相まって、制度的イノベーションの喚起にも役立っている。例えば関西では、広域観光推進のために、２０１６年４月に「関西国際観光推進本部」（仮称）の設置が計画されているが、設置趣意書には、インバウンドの需要喚起装置としてのメガスポーツイベントの存在が明記されている。今後、女子のサッカーワールドカップ（２０２３年）や札幌市が招致を目指す冬季五輪（２０２６年）も計画されるなど、日本でも、世界からスポーツツーリストを呼び込むイベントカレンダーが整備され始めている。

本書を執筆するにあたっては、２０１２年に設立した一般社団法人日本スポーツツーリズム推進機構（ＪＳＴＡ）における活動から得た知識や経験が大いに役立っている。ＪＳＴＡ設立にあたって、ともに苦労を重ねた当時の観光庁観光地域振興課地域競争力強化支援室長の坪田知宏さん（現文科省児童生徒課長）と、後任の八木和弘さん（現スポーツ庁政策課学校体育室長）には、心から感謝の意を伝えたい。さらにＪＳＴＡ事務局長の中山哲郎さんと事務局の宮本宏史さん、常任理事の吉永憲さん、大塚眞一郎さん、高橋義雄さんには、日頃から多くの学びの機会と建設的なご意見を頂戴しており、御礼の言葉を述べたい。

本書の執筆の機会をつくっていただいた学芸出版社社長の前田裕資さんと松本優真さんからは、示唆に富んだ多くのコメントを頂戴し、本書のクオリティを高めていただいた。心から感謝を申し上げたい。そして最後に、東京での単身赴任を支えてくれている妻の純子にも感謝の言葉を捧げたい。

２０１６年１月18日　高田馬場にて　　原田宗彦

2015年）は、「スポーツ観光」を用いているが、本書では「スポーツツーリズム」と表記した。地方創生の糸口としては、スポーツ観光の他に、少子化対策、コンパクトシティ、自治体連携、暮らしを支える、公立大学の役割、NPOの役割、産業観光、外国人観光客、自治体アピール、環境協力といった項目を挙げている。

9 千葉千枝子『観光ビジネスの新潮流』学芸出版社、2011年

10 Rein, I. & Shields, B. (2007) "Place branding sports: Strategies for differentiating emerging, transitional, negatively viewed and newly industrialized na-tions" Place Branding and Public Diplo-macy, 3:73 - 85.

11 Parent, M. & Chappelet, J.L. (2015) "Routledge handbook of sports event management" Routledge

12 国土交通省観光庁「平成26年度版観光白書」2014年7月30日発行

13 早稲田大学スポーツビジネスマネジメント研究室（2014）「野沢温泉スキー場のインバウンド調査報告書」

14 前掲書（注7）による。

15 フランスの調査会社キャップジェミニとカナダロイヤルバンクのRBCウェルス・マネジメントが実施した「アジア太平洋富裕層リポート2015」による。https://-www.capgemini.com/thought-leadership/-asia-pacific-wealth-report-2015-from-capgemini-and-rbc-wealth-management

16 http://www.premierleague.com/engb/news-/news/2015-16/sep/100915-football-loving-tourists-score-millions-for-britain.html

17 このような問題に対して厚労省は、2020年までを外国人患者受け入れ環境の集中整備期間とし、全国レベルで、外国人患者が安心して日本の医療サービスを受けられるような体制を整える準備を進めている。具体的には、医療通訳者や外国人向けコーディネーターを育成したうえで、政令指定都市や、在留外国人の多い都市など全国約30カ所の中核病院に配置。複数の国の言語能力を持つ医療通訳者も配置し、周辺医療機関の派遣ニーズに対応する予定である。

が低下すること、収縮期血液が1・4%低下することが明らかにされた。天然芝、校庭の芝生、公園緑地とその中の芝生地など、スポーツを行う屋外空間の緑が健康に与える影響を知ることは、スポーツに親しむまちづくりを考えるうえで、重要な視角を与えてくれる。

10 Takano T, Nakamura K, Watanabe M. "Urban residential environments and senior citizens' longevity in megacity areas: the importance of walkable green spaces," Journal of Epidemiol Community Health. 2002 Dec; 56(12):913 - 8.

11 Kardan, O., Gozdyra, P., et. al. "Neighbor-hood greenspace and health in a large urban center." Scientific Re-port 5, Nature, 09 July 2015

12 BSIのホームページより引用（http://www.bsigroup.com/ja-JP/ISO20121/）

13 矢作弘「『都市縮小』の時代」角川oneテーマ21、角川書店、2009年

14 早稲田大学原田宗彦研究室「トライアスロン参加者調査報告書」日本トライアスロン連合、2010年2月

15 伊藤元重「シニア健康増進へ仕掛けもっと」論壇、静岡新聞2015年9月5日朝刊

◇第7章

1 スポーツコミッション仙台のHPは以下のURLを参照：http://www.scs-sendai.jp/

2 早稲田大学スポーツビジネスマネジメント研究室『地方自治体におけるスポーツ施策イノベーション調査報告書』（平成26年度科学研究誌補助金-基盤研究(C)：課題番号：26350756）

3 職業能力の見える化を促進するために厚生労働省が一般社団法人日本生産技能労務協会に委託した「業界検定スタートアップ支援事業」のことで、企画競争の結果、一般社団法人日本スポーツツーリズム推進機構が中心となって立案した「スポーツイベント産業の業界検定開発案」が2015年に選定された。

4 インフラ政策研究会『インフラストック効果』（中央公論社、2015年）では、新しい時代の社会資本整備の指針として、プロダクトアウトからマーケットインへのイノベーションを基調とした「社会資本のサービス化」という考え方を定めた。

5 条例が規定する努力義務とは、日本の法制上「〜するよう努めなければならない」などと規定され、違反しても罰則その他の法的制裁を受けない作為義務・不作為義務のことである。よって遵守されるか否かは当事者の任意の協力にのみ左右され、どこまで努力するかという達成度も当事者の判断に委ねられる。

6 DMOは、行政区域で観光スポットを区切るのではなく「エリア全体」を観光地として確立し、周遊を促すために地域の魅力を統括してマーケティングとマネジメントを行う組織体制のことである。その中で、早くから従来の行政区域を越えて広域観光を推進していたのが「瀬戸内」であり、2013年4月に、任意団体「瀬戸内ブランド推進連合」を発足させ、観光客の周遊性を高める広域的な施策を展開してきたが、より精度の高いマーケティング戦略と外国人観光客の集客を目指すために、日本版DMOとして、2016年4月に一般社団法人せとうち観光推進機構を設立した。これによって、地域性も歴史も異なる7県（兵庫県、岡山県、広島県、山口県、徳島県、香川県、愛媛県）が連携し、行政区域を越えた戦略的なマーケティングを可能にした。

7 早稲田大学スポーツビジネスマネジメント研究室（2015）「八方白馬村スキー場のインバウンド調査報告書」

8 諏訪雄三『地方創生を考える』（新評論、

タ（スポーツ部門：104部、観光部門：105部、2部門合計209部、回収率71・6％）を用いた。2度目の調査は、早稲田大学スポーツビジネスマネジメント研究室が平成26年度科学研究費補助金（基盤研究C：課題番号26350756）を用いて独自に行った「地方自治体におけるスポーツ施策イノベーション調査報告書」（2015年3月のデータ（スポーツ部門：118部、観光部門：115部、2部門合計233部、回収率77・7％）を用いた。

10 内閣府経済社会総合研究所「地域活性化システム論カリキュラム研究会中間報告書」2010年7月（http://www.esri.go.jp-/jp/prj/hou/hou053/hou053.pdf）より引用

11 国土交通省「国内スポーツ観光活性化調査事業報告書」2011年3月（http://www.-mlit.go.jp/common/000188515.pdf）より引用

◇第6章

1 アレックス・カー『ニッポン景観論』集英社新書ヴィジュアル版、2014年

2 スポーツ都市に言及した数少ない書物の一つに、インターシティ研究会編の『「あそび」が都市をつくる』（学芸出版社、1994年）がある。その中で、著者の一人である松本隆平は、「楽しく遊べること」が都市への愛着を高める重要な条件の一つであることを指摘し、日本の公的なスポーツ空間の貧困さや、労働時間の長さについて批判を加えた。

3 原田宗彦『スポーツイベントの経済学』平凡社新書、2001年

4 新幹線を含む日本の長距離移動列車は、欧米のように、大きなトランクやスーツケースを持ち運ぶ思想がない。乗客は着替えを風呂敷で包み、荷物を網棚に乗せるよう強要されていた戦前からの伝統がそのまま息づいている。また電車や機内への車椅子の持ち込みも制限されている。インバウンド観光が予想を超えるスピードで増加する中、外国人旅行者の利便性に配慮したスペースの確保は、喫緊の課題である。

5 フットパス（footpath）とは、地域の自然や文化を歩きながら楽しむ英国発祥の身体的レクリエーションで、日本では、町田市などがまちおこしの一環としてコースの指定を行っている（参考：https://-www.city.machida.tokyo.jp/kanko/aruku/-machidafootpath.html）。

6 埴淵知哉「近隣の身体活動環境と運動習慣の関連ーJGSS - 2010による分析」『日本版総合的社会調査共同研究拠点研究論文集』12: 1-10、2012年

7 Ulrich, R. S. View through a window may influence recovery from surgery. Science, Vol. 224, April 1984.

8 Ulrich R.S. and R. Parsons. (1992). Influences of passive experiences with plants on individual well-being and health. In Relf, D. (Ed.) (1992). The role of horticulture in human well-being and social development. Portland, OR. Timber Press, pp. 93 - 105.

9 飯島健太郎「都市環境のストレスを改善する緑の役割」『日本緑化工学会誌』35(2)、2009年、pp. 304 − 305。飯島はまた「緑地の健康効用を保健衛生活動に生かす」『月刊体育施設』2014年11月号、pp. 25 − 29において、緑と健康効用について、緑の効果が生理的メカニズムによって説明されるようになったと述べている。すなわち、駅前の雑踏に対して、森林中では血液中のIgE免疫グロブリンの増加、NK細胞の増加、NK活性の増大が示されている。都市部に対して森林部では、副交感神経活動が55・0％高まりリラックスすること、交感神経活動が7・0％低下しストレスが軽減すること、唾液中コルチゾールが12・4％低下しストレス

www.osaka-fc.jp/）より引用

2　さいたまスポーツコミッション「アメリカにおけるスポーツコミッション調査報告」2015年3月米国インディアナポリス市視察報告書

3　西山健介「Tax Increment Financing－米国地方政府によるPPP型再開発の自立的ファイナンス手法」日本政策投資銀行LA - 40駐在員事務所報告、2002年6月（http://www.dbj.jp/reportshift/area/losangeles/pdf_all/040.pdf）を参照。

4　清水勇人さいたま市長が進めたスポーツによるまちづくりのプロセスは、清水勇人著「さいたま市未来想像図②：スポーツで日本一笑顔あふれるまち」（埼玉新聞社、2015年）の中で詳述されている。

5　さいたまスポーツコミッションのHP（http://saitamasc.jp/support）より引用。

6　ツール・ド・フランスは、世界最高の知名度を誇る自転車レースであり、世界190カ国でのべ4千700時間にわたってテレビ放映されている。世界25カ国からラジオ局が76局、新聞社や写真通信社を含む450社が取材に訪れ、3千600の記者証が発行されるなど、見るスポーツとしてのイベント価値は高い。クリテリウムの中継は、運営会社であるフランスのASO社のネットワークを通じて、「さいたま」の名前とともに世界に配信され、36億円のシティセールス効果を生みだしている。なお2015年の正式大会名称は「J-COM presents 2015 ツール・ド・フランスさいたまクリテリウム」となっている。

7　早稲田大学スポーツビジネスマネジメント研究室「さいたまクリテリウム by ツール・ド・フランス調査報告書」2013年12月

8　関西におけるスポーツコミッションの動きは早く、2007年3月に筆者が社団法人関西経済同友会で行った講演における「大阪にスポーツイベント誘致を目的としたスポーツコミッションの創設」という提言を汲む形で、同会のスポーツ・観光推進委員会（当時）がスポーツコミッションの設立に向けて動き出した。その後、2011年7月「スポーツコミッション関西準備委員会」がスタートし、2012年4月に「スポーツコミッション関西」が発足した。スポーツコミッション関西は、「関西に存在する豊かなスポーツ産業資産、隣接する生活関連産業の蓄積、将来性豊かな若い人材などの連携・コラボレーションを促す“触媒”や“増殖装置”として機能し、スポーツを軸とした地域産業の活性化や、ニュービジネスの創出に貢献・寄与」（http://www.sckansai.-jp/）することを目的としている。SSCと異なり、SCKの活動理念は、「スポーツ＋（プラス）」というコンセプトのもと、スポーツ産業を軸に、隣接するさまざまな生活諸産業（ファッションや食、旅行等々）への遡及の可能性を広げるという、経済界を中心に、スポーツ用品関連企業や圏域の諸大学、そして地元の行政が協力する広域的な連携組織である点にある。さいたま市のケースが行政主導型とすれば、SCKは民間主導型である。特筆すべきは、2021年にワールドマスターズゲームズの開催を決めたことで、これに向けて関西の広域連携組織が動き出した。

9　本調査は2011年と2014年に、47の都道府県、20の政令指定都市、43の中核市、40の特例市を含む、合計150自治体におけるスポーツ担当部局・観光部局を対象に、質問紙とE-mailを用いた調査を行った。初回の調査は、早稲田大学スポーツビジネスマネジメント研究室・株式会社電通ソーシャルスポーツ・イノベーションチーム編の「地方自治体におけるスポーツ施策イノベーション調査報告書」（2012年6月）のデー

成長率は大きく低下する。実際、1996年のアトランタ大会を除いて、日本（1964年東京大会）、韓国（1988年ソウル大会）、オーストラリア（2000年シドニー大会）、ギリシア（2004年アテネ大会）のすべてにおいて大会後に経済が減速したが、中国の場合は、名目GDPに占める割合が低く、五輪の押し上げ効果も限定的であるため、五輪後の反動はそれほど大きくない（山口正章、郭穎「北京五輪の経済効果」『中日情報週刊』巻3、2008年7月20日：http://j.people.com.cn/weekly/-20080720/jnew1.htm）。

12 前掲（6）より引用。白井はさらに、「レガシー」という言葉が、膨大な公金の投入を正当化するために使われたと指摘している。

13 LLDCは、地域主義法（Localism Act, 2011）のもと「ロンドン市長開発公社（Mayoral Development Corporation）」として設置された。発案者のボリス・ジョンソン市長は、パークおよび周辺を「ロンドン市長開発区域」に指定した後に公社を立ち上げ、LLDCのトップに収まった。

14 Gratton, C. & Preuss, H. (2008) "Maximizing Olympic impacts by building up legacies" The International Journal of the History of Sport 25(14): 1922-1938.

15 旧総理府（現在は内閣府に統合）が行った「体力・スポーツに関する世論調査」による。

16 英国政府のポリシーペーパーPolicy paper："2010 to 2015 government policy: 2012 Olympic and Paralympic legacy"（https://www.gov.uk/government/publica-tions-/2010-to-2015-government-policy-2012-olympic-and-paralympic-legacy/2010-to-2015-government-policy-2012-olympic-and-paralympic-legacy）を参照。

◇第4章

1 World Sport Destination Expo （WSDE）の大会委員長であるTim Coles教授の講演からの引用：http://www.aipsmedia.com-/index.php?page=-news&cod=4206&tp=-n#.VV-2bZWJj3g（2015年5月10日参照）

2 WTO and IOC (2001) Sport activities during the outbound holidays of the Germans, the Dutch and the French. WTO&IOC.

3 UKTS (1998) The UK tourist: Statistics 1997, English, Scottish, Wales and Northern Ireland Tourist Boards.

4 NASC（全米スポーツコミッション協会）が発行する"Sport tourism: A state of the industry report" April 2012の報告書による数字

5 http://canadiansporttourism.com/about-csta/about-csta.html（2015年5月23日参照）に掲載されたStatistics Canada (2014)のデータによる。

6 国際旅客調査（IPS, 2005）のウェブサイトからデータを引用・作図（http://www.-visitbritain.org/Images/Sports2005_tcm139-167998.pdf）

7 三菱UFJリサーチ＆コンサルティング株式会社がマクロミルと共同で行った調査で、「2014年スポーツマーケティング基礎調査」として結果を公表している。詳細については以下のURLを参照（http://www.murc.jp-/publicity/press_release/press_141009_1.pdf）2015年6月7日参照

8 柳川範之・森直子『アジアの『内需』を牽引する所得層』NIRAモノグラフシリーズ、No. 31、財団法人総合研究開発機構、2010年6月

9 杉浦一機『激安エアラインの時代』平凡社新書、2012年、p.10

◇第5章

1 大阪フィルム・カウンシルHP（https://-

－11、2004年

6 Howard, R. D. & Crompton, J. L. "Financing sport 2nd edition" Sport Management Library, Fitness Information Technology, Inc., 2004.

7 ロンドン五輪の置換現象に関しては、矢ケ崎紀子が「インバウンド観光振興における課題 - 五輪開催までに取り組むべきこと」運輸と経済、2014年8月号、pp. 87－94の中で、イギリス国家統計局（ONS）"Overseas Travel and Tourism"の資料を用いて五輪大会時の観光客の落ち込みを指摘している。

8 Harada Munehiko "Sport Tourism in Japan: Present & Future Perspectives," JAPAN SPOTLIGHT, November/December, 2014

◇第3章

1 キルクス・マクシムスにおいて開かれた戦車競技は、競技フィールドである〈アレナ〉の中央に築かれた〈スピナ〉という装飾品のついた柵の周りを、通常4頭立ての戦車で7週回るレースである。レースの総距離は約5千メートルもあり、通常1レースにつき4台で競われたが、後代には12台に増やされた。レース展開は現代の公営モーターボートレース（競艇）にも似て、スピードだけでなく砂地のトラックにおける急カーブを切り抜けるテクニックや、他の御者をかわす技量が必要とされ、それがスペクタクル性を一層高めた。

2 ローマの公共温浴施設であるテルマエは、民衆のエネルギーを発散させ、懐柔するための社会統制的な目的も持っていた。四世紀ごろには、ローマだけで856のテルマエが存在したと言われる。

3 古代都市とスポーツの関係については、原田宗彦著「スポーツイベントの経済学」平凡社新書、2002年を参照のこと。

4 アラン・フェラン、ジャン＝ルー・シャペレ、ベノア・スガン（原田宗彦監訳）「オリンピックマーケティング」（株）スタジオタッククリエイティブ、2013年

5 前掲書（注3）p. 66

6 建築家の白井宏昌による「オリンピックと都市開発の歴史」（http://ch.nicovideo.jp-/wakusei2nd/blomaga/ar717113）参照。

7 1999年7月25日大阪で開かれたスポーツ産業学会でのシンポジウム「スポーツイベントの波及効果」におけるテキサスA＆M大学のジョン・クロンプトン教授の発言から引用。

8 http://www.bbc.co.uk/blogs/legacy/-davidbond/2012/04/london_takes_inspiration_from.html を参照

9 スポーツレガシーとは、スポーツイベントによって生みだされ、イベント後も残る有形無形の資産であり、(1) 都市構造レガシー、(2)都市インフラ・レガシー、(3)知識・情報レガシー、(4)人的資源・ネットワーク・レガシー、(5)シンボリック・レガシー、(6)社会文化レガシー、(7)経済的レガシー、(8)制度的レガシーの八つに分類される（Kang, Jo. - Hoo「アジア・スポーツマネジメント学会抄録集」、早稲田大学、2006年）

10 GHD以外にも、DSRD（The New South Wales Department of State and Regional Development）が設置したSBOS（Sydney-Beijing Olympic Secre-tariat）が、オリンピックに関するコンサルティング活動を通して、中国におけるオーストラリアのビジネス面でのプロモーション活動を行うなど、スポーツビジネス界において、オーストラリア関係者の存在感が高まっている。

11 五輪においては、大会前に公共投資が集中するために一定のGDP押し上げ効果があるが、通常、開催年翌年の実質GDP

3　原田宗彦編著『スポーツ産業論第6版』杏林書院、2015年、p. 15より引用

4　国務省国際プログラム局のＥ－ジャーナル：ジンバリスト　2012　「スポーツと経済」 http://aboutusa.japan.usembassy.gov/j/-jusaj-ejournals-sports8.html

5　アメリカのプロスポーツリーグでは、毎年異なったチームが優勝できるように、戦力を均衡させるシステムが整備されている。「ぜいたく税」（ラグジュアリー・タックス）は、チームや球団が選手に支払う年俸総額がある一定額を超えた場合、超過分に課徴金を課す制度で、NBAではそれが他チームに平等に分配される。「サラリーキャップ」は、チームが所属する選手に支払う年俸の総額を規定し、それを超えないことを原則とする制度である。「ウェーバー方式」は、シーズン終了時のチーム順位を基準とし、次のシーズンに向けて、最下位のチームから順に選手を指名することができる制度で、チーム間の戦力均衡に役立っている。

6　原田宗彦「メガ・スポーツイベントと経済効果」『都市問題研究』2008年11月号

7　道路建設や施設建設といった大規模な公共投資がともなわないロ－カルイベントの場合、経済効果の鍵となるのは、域外から訪れる大会参加者の数と、地元に還元される消費活動である。ただし、そのような経済効果も、マクロな視点で考えれば日本経済における国内消費の再配分にすぎず、GDPを押し上げる効果もない。

8　原田宗彦『スポーツイベントの経済学』平凡社新書145、平凡社、2002年

9　宮崎辰雄「都市とスポーツ―ユニバーシアードの開幕に向けて」『都市政策』第36号、1984年

10　Melnick, M. J. (1993) Searching for sociability in the stands: a theory of sports spectating. Journal of Sport Management, 7: pp. 44-60.

11　Bartow, R. (1998) Planning and investment in sport infrastructure in the city. Keynote paper presented at the Sport in the City Conference, Sheffield, UK, 2. July 1998.

12　増田寛也『地方消滅―東京一極集中が招く人口急減』中公新書、2014年

13　宇都宮徹壱『股旅フットボール』東方出版、2008年

14　原田宗彦「股旅フットボール：地域リーグから見たJリーグ「百年構想」の光と影」『Number』205号、2008年、p. 121

15　原田宗彦「地域密着型プロスポーツとトポフィリアに関する実証的研究」調査報告書（平成23年度～平成25年度科学研究費補助金　基盤研究B：課題番号：23300235）

16　鈴木春菜・藤井聡「地域愛着が地域への協力行動に及ぼす影響に関する研究」『土木計画学研究・論文集』25(2) 2008年9月

◇第2章

1　平成23年度横浜市民スポーツ意識調査（http://www2.yspc.or.jp/ysa/-jigyoshokai/chosa/pdf/23_gaiyo.pdf）参照。

2　JTU・早稲田大学原田宗彦研究室『第6回トライアスロン参加者・観戦者調査報告書（2014）』公益社団法人日本トライアスロン連合、2015年3月

3　市川宏雄『東京五輪で日本はどこまで復活するのか』メディアファクトリー新書090、2013年

4　原田宗彦「メガ・スポーツイベントと経済効果」『都市問題研究』第60巻、第11号、通関695号、pp. 80 － 94、2008年

5　川口和英「ワールドカップ開催による地域経済への波及効果分析事例に関する研究」『鎌倉女子大学紀要』第11号、pp. 1

注：

◇はじめに

1 Tourism - Insider ONLINEMAGAZINE によれば、スポーツツーリズムは、2008年の段階で世界の観光市場の約1割を占める約6000億ドル市場とされている：http://tourism-insider.com/en/2011/05/english-sport-tourism-a-new-spin-on-an-old-theme/（参照日2015年10月22日）

◇序章

1 UNWTO Tourism Highlights 2016 Edition: http://www.e-unwto.org/doi/pdf/10.18111/9789284418367（参照日2017年2月23日）
2 国土交通省編『観光白書（平成26年度版）』昭和情報プロセス株式会社、2014年7月30日発行
3 額賀信『地域観光戦略』日刊工業新聞社、2008年
4 石森秀三・坂上英彦「ビジター産業に進路をとれ：日本・都市再生への提言」B＆Tブックス、2000年
5 THE WORLD BANK：http://data.worldbank.org/indicator/ST.INT.DPRT?page=2（参照日2015年7月13日）
6 前掲書（注2）を参照
7 加藤智明・中谷有紀『CGMマーケティング』MYCOM新書、2007年
8 日本政策投資銀行が行った「アジア8地域・訪日外国人旅行者の意向調査2015年版」：http://www.dbj.jp/pdf/investigate/etc/pdf/book1510_01.pdf（参照日2016年2月9日）
9 ユーロモニター・インターナショナル：https://www.google.co.jp/?gfe_rd=cr&ei=MV0NVLelIsyT8QfGz4DQBg#q=euromonitor+international+2013（参照日2015年7月12日）
10 サミュエル・ハンチントン（鈴木主税訳）「文明の衝突」集英社、1996年
11 古倉宗治　2013　21世紀のまちづくりのコンセプト及び方法について（2）：http://www.dbj.jp/pdf/investigate/etc/pdf/book1312_01.pdf（参照日2015年7月13日）
12 Hall, C. M. "Adventure sport and health tourism" In: Weiler, B. and Hall, C.M. (Eds.) Special interest tourism. Belhaven Press: London. 1992.
13 2016年は、J1が18チーム、J2が22チーム、J3が16チームになる（J3にはFC東京、ガンバ大阪、セレッソ大阪のアンダー23が含まれる）。bjリーグは2016年に解散し、2016/17シーズンからBリーグに衣替えする。B1が18チーム、B2が18チーム、そしてB3が9チームで構成される。
14 日経新聞、2015年2月13日夕刊

◇第1章

1 実際日本では、スポーツは体育や体操という概念と混同して用いられてきた。「体育」は、身体教育という言葉から「体」と「育」を抜き出した略語で、学校における教科科目の一つであり、身体活動を用いた教育を意味する。それに対してスポーツは、ラテン語のデポルターレ（deportare）を語源とする言葉で、人間の生存に必要不可欠なことから一時的に離れる、気晴らし、休養、楽しみ、遊びといった意味を持っていた。現在のような競技的性格を持ち、戸外で行われるゲームや運動を意味するようになるのは19世紀のことであるが、現在も、言葉の使用において、明確な切り分けがされているわけではない。
2 原田宗彦編著『スポーツマーケティング』スポーツビジネス叢書、大修館書店、2009年

■ま

■や

■ら

■わ

■さ

索引：

■英数

■あ

■か

原田宗彦（はらだ・むねひこ）

1954年大阪生まれ。76年京都教育大学卒業。84年ペンシルバニア州立大学健康・体育・レクリエーション学部博士課程修了。Ph.D. 鹿屋体育大学助手、フルブライト上級研究員（テキサスA&M大学）、大阪体育大学大学院教授などを経て、2005年から早稲田大学スポーツ科学学術院教授。主な著書に、『スポーツイベントの経済学』（平凡社新書、2002年）『スポーツマーケティング』（大修館書店、2008年）『スポーツ・ヘルスツーリズム』（大修館書店、2009年）『スポーツ産業論第6版』（杏林書院、2015年）など、訳書に『公共サービスのマーケティング』（遊時創造、1991年）『オリンピックマーケティング』（株式会社スタジオタッククリエイティブ、2014年）など。

一般社団法人日本スポーツツーリズム推進機構代表理事、日本スポーツマネジメント学会会長、Jリーグ理事を務める。2008年大阪五輪招致では招致委員会参与。2016年東京五輪招致では、JOCオリンピック招致推進プロジェクトに所属する。現在は、スポーツ庁スポーツツーリズム需要拡大のための官民連携協議会座長、観光庁スノーリゾート地域の活性化推進会議議長、2026年アジア競技大会名古屋市レガシー・ビジョン有識者懇談会座長などを務める。

スポーツ都市戦略

2020年後を見すえたまちづくり

2016年3月17日　初版第1刷発行
2019年3月20日　初版第5刷発行

著　者………原田宗彦
発行者………前田裕資
発行所………株式会社学芸出版社
京都市下京区木津屋橋通西洞院東入
電話 075－343－0811　〒600－8216
装　丁………KOTO DESIGN Inc.　山本剛史
印　刷………創栄図書印刷
製　本………新生製本

ISBN 978－4－7615－2618－4